AF192894

IFCT159

INTRODUCCIÓN AL BIG DATA E INTELIGENCIA ARTIFICIAL

IFCT159

INTRODUCCIÓN AL BIG DATA E INTELIGENCIA ARTIFICIAL

Beatriz Coronado García

La ley prohíbe
fotocopiar este libro

IFCT159 - INTRODUCCIÓN AL BIG DATA E INTELIGENCIA ARTIFICIAL
Thema: GPH Ciencia y análisis de datos
Bisac: COM018000
© Beatriz Coronado García
© De la edición: Ra-Ma 2025

MARCAS COMERCIALES. Las designaciones utilizadas por las empresas para distinguir sus productos (hardware, software, sistemas operativos, etc.) suelen ser marcas registradas. RA-MA ha intentado a lo largo de este libro distinguir las marcas comerciales de los términos descriptivos, siguiendo el estilo que utiliza el fabricante, sin intención de infringir la marca y solo en beneficio del propietario de la misma. Los datos de los ejemplos y pantallas son ficticios a no ser que se especifique lo contrario.

RA-MA es marca comercial registrada.

Se ha puesto el máximo empeño en ofrecer al lector una información completa y precisa. Sin embargo, RA-MA Editorial no asume ninguna responsabilidad derivada de su uso ni tampoco de cualquier violación de patentes ni otros derechos de terceras partes que pudieran ocurrir. Esta publicación tiene por objeto proporcionar unos conocimientos precisos y acreditados sobre el tema tratado. Su venta no supone para el editor ninguna forma de asistencia legal, administrativa o de ningún otro tipo. En caso de precisarse asesoría legal u otra forma de ayuda experta, deben buscarse los servicios de un profesional competente.

Reservados todos los derechos de publicación en cualquier idioma.

Según lo dispuesto en el Código Penal vigente, ninguna parte de este libro puede ser reproducida, grabada en sistema de almacenamiento o transmitida en forma alguna ni por cualquier procedimiento, ya sea electrónico, mecánico, reprográfico, magnético o cualquier otro sin autorización previa y por escrito de RA-MA; su contenido está protegido por la ley vigente, que establece penas de prisión y/o multas a quienes, intencionadamente, reprodujeren o plagiaren, en todo o en parte, una obra literaria, artística o científica.

Editado por:
RA-MA Editorial
Calle Jarama, 3A, Polígono Industrial Igarsa
28860 PARACUELLOS DE JARAMA, Madrid
Teléfono: 91 658 42 80
Fax: 91 662 81 39
Correo electrónico: *info@grupoeditorialrama.com*
Internet: *www.ra-ma.es* y *www.ra-ma.com*
ISBN: 979-13-8776-413-5
Depósito legal: M-9175-2025
Maquetación: Antonio García Tomé
Diseño de portada: Antonio García Tomé
Filmación e impresión: Safekat
Impreso en España en abril de 2025

*Para quienes creen que aprender
es un viaje que nunca termina.*

ÍNDICE

ACERCA DE LA AUTORA

Beatriz Coronado García

Máster en Prevención de Riesgos Laborales (3 especialidades) por la Universidad Francisco de Vitoria (2020-2021). Intensivo de experto en desarrollo de aplicaciones web por la Universidad San Jorge–SEAS (2021-2022). Grado en Sociología por la Universidad Rey Juan Carlos (2013-2017).

Profesional autónoma especializada en la gestión de proyectos editoriales y desarrollo de contenido formativo, con experiencia en tecnologías educativas y desarrollo web. Actualmente, trabaja con varias editoriales. Tiene experiencia en la utilización de diversas IA en el entorno laboral: ChatGPT 4.0, Copilot, Perplexity, Gemini y Midjourney, así como en el manejo de Microsoft 365 Business Standard. Además, cuenta con amplios conocimientos en lenguajes de programación como HTML5, CSS3 y JavaScript, y en sistemas de gestión de contenidos como WordPress.

INTRODUCCIÓN

En los últimos años, el término "Big Data" ha ganado protagonismo en prácticamente todos los sectores. No se trata solo de una moda tecnológica, sino de una transformación profunda en la forma de entender, procesar y aprovechar los datos. Este manual está pensado para ayudar a comprender, de forma clara y progresiva, qué es realmente el Big Data, cómo ha evolucionado desde el Business Intelligence tradicional y por qué está revolucionando tantos ámbitos.

Capítulo 1 – Conceptos básicos y evolución

- De BI a Big Data
- Qué es Big Data
- Hadoop
- Las "V"
- Real Time y Cloud

Capítulo 2 – Arquitectura y tecnologías

- HDFS y MapReduce
- Lenguajes clave
- ETL: Flume, Sqoop, Hive
- Kafka, HBase, Redis
- Spark y seguridad

Capítulo 3 – Ciencia de Datos e IA

- Introducción a IA
- Lenguajes: R y Python
- Algoritmos supervisados
- No supervisados
- Textos, imágenes y visualización

Capítulo 4 – Aplicaciones y futuro

- Open Data público
- Uso en empresas
- Data for Good
- Impacto y ética

A lo largo de los distintos capítulos, se abordan desde los conceptos más básicos hasta las aplicaciones más actuales, incluyendo las tecnologías más usadas, la relación con la inteligencia artificial y el impacto social que puede llegar a tener. Todo explicado con un lenguaje directo y con ejemplos cercanos, para que cualquier persona pueda seguirlo, independientemente de su formación previa.

1

ADQUISICIÓN Y DOMINIO DE CONCEPTOS BÁSICOS Y DE CONOCIMIENTOS SOBRE LOS AVANCES EN BIG DATA

Antes de profundizar en herramientas y tecnologías, es importante entender de dónde venimos y hacia dónde vamos en el mundo de los datos. Este primer capítulo sirve como base para familiarizarse con la evolución del tratamiento de la información: desde el Business Intelligence más tradicional hasta el uso del Big Data en contextos como la navegación web, la televisión o la geolocalización.

También se explican los conceptos clave que definen el Big Data —esas famosas "V"— y se presenta Hadoop, una tecnología que marcó un antes y un después en la forma de procesar datos en paralelo. Además, se dan unas primeras pinceladas de nuevos modelos de trabajo como el procesamiento en tiempo real o el uso de la nube.

1.1 CÓMO EVOLUCIONA EL BI TRADICIONAL AL BIG DATA (NAVEGACIÓN WEB, GEOLOCALIZACIÓN, AUDIENCIAS TV,...)

Antes de que se hablara tanto de Big Data, lo más habitual en las empresas era usar lo que se conoce como **Business Intelligence (BI) tradicional**. Esto consistía, básicamente, en recopilar datos estructurados (es decir, bien organizados en filas y columnas) que venían de bases de datos relacionales como SQL o incluso hojas de cálculo tipo Excel. A partir de ahí, se generaban **informes e indicadores** que ayudaban a analizar lo que había ocurrido: ventas del último mes, evolución del stock, rendimiento de un producto, etc. Era un enfoque bastante descriptivo, enfocado a entender el pasado y tomar decisiones sobre lo que ya había sucedido.

Este modelo funcionó muy bien durante años, pero tenía algunas **limitaciones importantes**. Por ejemplo, estaba pensado para **volúmenes de datos moderados**. Cuando las empresas empezaron a generar más información, el sistema se quedaba corto. Además, solo podía manejar datos bien estructurados, dejando fuera todo lo que no encajara en una tabla tradicional. El procesamiento era lento, ya que los informes se generaban en lotes (lo que se llama "batch"), muchas veces con días de retraso. Y por último, no permitía reaccionar con agilidad a cambios que ocurrieran en el momento.

Con el tiempo, y sobre todo con la llegada masiva de internet, los smartphones y los sensores conectados, los datos empezaron a crecer no solo en cantidad, sino también en **variedad y velocidad**. Ya no solo se trataba de ventas o inventario: ahora se recogían **clics en páginas web, ubicaciones GPS, interacciones en redes sociales, uso de apps móviles**, y mucho más. Apareció entonces la necesidad de un sistema que no solo recogiera más datos, sino que pudiera analizarlos **casi al instante** y de forma más inteligente, detectando patrones, haciendo predicciones y permitiendo decisiones más rápidas. Ahí es donde entra el Big Data.

Para ver esta evolución de forma clara, basta con pensar en algunos **ejemplos reales**. Cuando visitas una tienda online y te muestra productos que te podrían gustar, eso no se basa en informes antiguos, sino en el análisis de tu comportamiento en tiempo real. Lo mismo pasa con las **recomendaciones según tu ubicación**, como cuando una app te sugiere un restaurante cercano o te avisa de un atasco. También se ve en cómo las plataformas de streaming, como Netflix o Movistar+, ajustan sus contenidos en función de los gustos de su audiencia prácticamente al momento.

Este cambio de paradigma no ha sido solo una cuestión tecnológica, sino también una evolución en la **forma de pensar y gestionar la información** dentro de las organizaciones. Mientras que el BI tradicional requería tiempos largos de preparación, validación y generación de informes, el Big Data introduce un enfoque mucho más dinámico y automatizado. Ahora, los datos pueden analizarse de forma **continua y en streaming**, lo que permite detectar tendencias o anomalías al instante.

Además, una de las grandes diferencias es el tipo de datos que se pueden tratar. Antes se trabajaba casi exclusivamente con datos internos de la empresa: ventas, almacén, recursos humanos… Hoy en día, gracias al Big Data, es posible incorporar **fuentes externas y no estructuradas**, como comentarios en redes sociales, vídeos, audios, datos de sensores, clics en páginas web o incluso imágenes. Esto permite tener una visión mucho más rica y completa de lo que está ocurriendo, tanto dentro como fuera de la organización.

Otra ventaja importante es que el Big Data **no se limita a describir lo que ha pasado**, sino que permite generar modelos que **anticipen comportamientos futuros**. Por ejemplo, se pueden predecir patrones de consumo, detectar riesgos antes de que ocurran o personalizar servicios de forma muy precisa. Esto se traduce en decisiones más inteligentes, más rápidas y mucho mejor ajustadas a la realidad del momento.

Volviendo al ejemplo de la publicidad personalizada, ya no se lanza el mismo anuncio a todo el mundo: el sistema aprende del comportamiento del usuario y adapta los contenidos en función de sus intereses reales. O en el caso de la televisión y el streaming, las plataformas saben qué contenidos son más populares en cada franja horaria, región o grupo de edad, y pueden modificar su programación o sus recomendaciones en tiempo real.

Esta transición del BI clásico al enfoque Big Data representa una transformación profunda. No se trata solo de cambiar herramientas, sino de adoptar una nueva mentalidad basada en la agilidad, la diversidad de fuentes y el valor estratégico de los datos. Con el Big Data, los datos dejan de ser algo estático para convertirse en un recurso vivo, que evoluciona al ritmo de la actividad digital, y que permite a las organizaciones tomar decisiones más rápidas, más informadas y eficaces.

1.2 EL BIG DATA COMO SOLUCIÓN AL TRATAMIENTO MASIVO DE DATOS

Definición e historia desde su invención

Hablar de Big Data es hablar de una nueva forma de entender y trabajar con los datos. De forma sencilla, se puede decir que el Big Data es un **conjunto de tecnologías, métodos y enfoques** que permite procesar y analizar cantidades enormes de datos, que además son muy variados, se generan a gran velocidad y pueden aportar mucho valor si se gestionan bien. No estamos hablando solo de tener muchos datos, sino de **ser capaces de sacarles partido en tiempo y forma**.

Evolución del Big Data

Años 90

La NASA y otras instituciones científicas comienzan a enfrentarse a grandes volúmenes de datos difíciles de procesar.

Inicio de los 2000

Explosión de datos por internet, smartphones y redes sociales. Las herramientas tradicionales ya no son suficientes.

2004

Google presenta MapReduce y GFS, base del procesamiento distribuido moderno.

2006

Nace Hadoop, que democratiza el acceso al procesamiento masivo de datos gracias a su arquitectura abierta.

2010–2015

El ecosistema Big Data crece con herramientas como Spark, Hive, HBase y Kafka. Su uso se extiende a más sectores.

Desde 2015

Big Data se integra en banca, salud, transporte, comercio... Aparecen nuevos perfiles profesionales como científicos de datos.

Actualidad

Big Data convive con el BI tradicional y permite análisis predictivo, personalización y toma de decisiones en tiempo real.

El origen del problema que dio lugar al Big Data fue bastante claro: **los datos empezaron a crecer más rápido de lo que las herramientas tradicionales podían gestionar**. Al principio, las empresas trabajaban con datos estructurados y bases de datos relativamente pequeñas, pero con la llegada de internet, los smartphones y los sistemas conectados, esa cantidad se disparó. Empezamos a generar datos sin parar: correos electrónicos, registros web, vídeos, sensores, redes sociales, compras online... Y claro, las herramientas que funcionaban bien con unos pocos gigas o incluso teras, **empezaron a quedarse cortas**.

Aunque el término "Big Data" se puso de moda más adelante, **ya en los años 90** algunos sectores empezaron a enfrentarse a este problema. La **NASA, por ejemplo, y otras instituciones científicas** ya generaban cantidades de datos difíciles de manejar, especialmente en áreas como la meteorología o la exploración espacial. Sin embargo, fue en los **años 2000** cuando el concepto empezó a cobrar fuerza, sobre todo de la mano de empresas tecnológicas como **Google, Facebook, Amazon o Yahoo**, que se dieron cuenta de que necesitaban **nuevas formas de almacenar y procesar datos**, y que además necesitaban hacerlo muy rápido.

Las soluciones que surgieron para afrontar este reto fueron innovadoras y rompieron con los modelos tradicionales. Por ejemplo, se empezó a utilizar **almacenamiento distribuido**, es decir, guardar los datos no en un único servidor, sino en muchos equipos conectados entre sí. También se desarrollaron técnicas de

procesamiento paralelo, donde las tareas se dividen y se resuelven a la vez por varios nodos, lo que permite trabajar con grandes volúmenes en mucho menos tiempo. Y no solo se buscaba analizar lo que ya había pasado, sino también anticiparse: por eso, **el análisis predictivo** se convirtió en una pieza clave del enfoque Big Data.

Un hito muy importante en esta historia fue la publicación de **Google en 2004** sobre dos tecnologías propias:

▾ **MapReduce** (para procesar datos en paralelo).

▾ **Google File System (GFS)**, su sistema de archivos distribuido.

Este trabajo inspiró a muchos desarrolladores y dio lugar, poco después, al nacimiento de **Hadoop**, un proyecto de código abierto que permitió a otras empresas aplicar estos conceptos sin tener que reinventar la rueda.

Saber más...

¿Qué es MapReduce?

MapReduce es un modelo de programación desarrollado por Google para procesar grandes volúmenes de datos de forma paralela. Esto significa que divide el trabajo en pequeñas tareas, las reparte entre varios ordenadores (nodos) que trabajan al mismo tiempo, y luego junta los resultados.

Se compone de dos fases principales:

1. Map:
   Toma los datos originales y los transforma en pares clave-valor. Por ejemplo, si tienes millones de comentarios de usuarios, esta fase podría contar cuántas veces aparece cada palabra.

2. Reduce:
   Recoge todos esos pares clave-valor generados y los agrupa para sacar un resultado final. Siguiendo el ejemplo anterior, sumaría las veces que aparece cada palabra en todos los comentarios.

Este sistema permite procesar datos a gran escala de forma eficiente, sin que un solo servidor tenga que hacerlo todo. Es como repartir las tareas entre un grupo grande de personas y luego combinar sus respuestas para obtener la solución.

Hoy en día, aunque MapReduce sigue utilizándose, ha sido superado en muchos casos por tecnologías más rápidas y flexibles como Apache Spark, que también permite procesamiento distribuido, pero en memoria (más veloz), y con más opciones de análisis.

¿Qué es Google File System (GFS)?

Google File System (GFS) es un sistema de archivos distribuido creado también por Google, diseñado para almacenar enormes cantidades de datos en múltiples servidores. A diferencia de un sistema tradicional que guarda todos los archivos en un solo lugar, GFS divide los archivos en fragmentos (chunks) y los distribuye en varios servidores.

¿Para qué? Para lograr tres cosas:

◤ Escalabilidad:
Si necesitas más espacio, simplemente añades más servidores.

◤ Tolerancia a fallos:
Cada fragmento de archivo se guarda en varias copias, por si alguno falla.

◤ Rendimiento:
Puedes leer o escribir en varias partes del archivo al mismo tiempo.

GFS fue la base de inspiración para HDFS (Hadoop Distributed File System), que es el sistema de archivos usado por Hadoop. Hoy en día, GFS ha evolucionado internamente dentro de Google hacia Colossus, una versión más moderna y eficiente.

El término **Big Data se empezó a utilizar cada vez más**, primero en el mundo tecnológico, y poco después en sectores tan variados como la banca, la salud, el transporte o el marketing. No era solo una moda: era una respuesta real a una necesidad cada vez más común.

Desde ese momento, el Big Data ha ido evolucionando constantemente, tanto en capacidades técnicas como en su aplicación práctica. Lo que comenzó como una solución para almacenar y procesar grandes volúmenes de datos en entornos técnicos o científicos, hoy se ha extendido a **casi todos los sectores de la sociedad**. Empresas de logística, hospitales, supermercados, administraciones públicas, plataformas de contenido o bancos, entre muchos otros, han adoptado el Big Data como parte de su día a día.

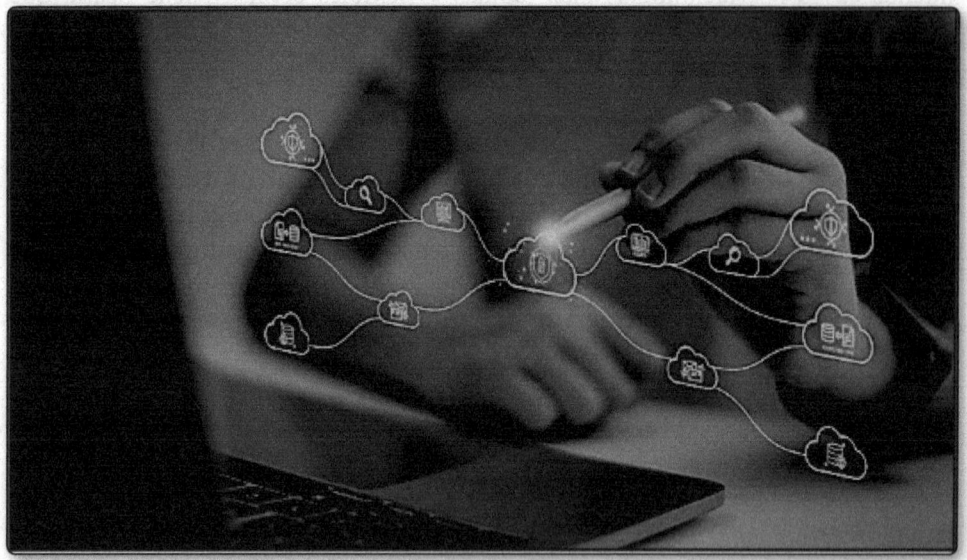

Lo interesante es que el crecimiento del Big Data no ha venido solo de la cantidad de datos generados, sino también de la **variedad de fuentes y formatos**. Ya no se trata solo de recoger números en tablas, sino de **entender opiniones, imágenes, vídeos, movimientos, comportamientos y contextos**, todo a la vez y en tiempo real. Gracias a esto, las organizaciones pueden ser mucho más precisas en lo que hacen: ajustan sus productos, detectan problemas antes de que se conviertan en crisis, mejoran sus servicios y ofrecen experiencias más personalizadas.

También, han aparecido **nuevas profesiones y perfiles técnicos** relacionados con esta revolución: ingenieros de datos, analistas, científicos de datos, arquitectos de datos... Todos ellos trabajan para que esa información masiva y a veces desordenada tenga sentido y se convierta en algo útil. Porque tener datos ya no es el reto; el reto es **saber qué hacer con ellos** y cómo traducirlos en decisiones.

En este proceso, el Big Data no ha sustituido las técnicas anteriores, como el BI tradicional que vimos antes, sino que **las complementa y las potencia**. Mientras el BI nos ayuda a entender qué ocurrió y por qué, el Big Data nos permite descubrir patrones ocultos, predecir comportamientos y actuar con agilidad. Por eso, muchas organizaciones combinan ambos enfoques según sus necesidades.

El Big Data no es una herramienta concreta, ni una única tecnología, sino una forma de trabajar con datos en entornos complejos, cambiantes y en constante crecimiento. Su historia muestra cómo la tecnología responde a los desafíos reales del mundo digital, y cómo, con creatividad y colaboración, se pueden encontrar soluciones que transforman la manera en que pensamos, decidimos y actuamos. Lo mejor es que esta historia no ha terminado: el Big Data sigue creciendo, abriendo nuevas posibilidades en campos como la inteligencia artificial, la automatización, la salud o el medio ambiente. Y apenas estamos viendo el comienzo.

1.3 HADOOP COMO REVOLUCIÓN PARA EL TRATAMIENTO PARALELO DE DATOS MASIVO

Como sabemos, durante muchos años, trabajar con grandes volúmenes de datos era una tarea complicada y costosa. Los sistemas tradicionales no estaban pensados para manejar tanta cantidad de información, y las soluciones que existían eran caras, lentas o poco flexibles. En este contexto, **Hadoop** supuso un antes y un después. Se trata de un **marco de trabajo open source** que permite almacenar y procesar datos masivos en lo que se conoce como **clústeres distribuidos**, es decir, redes de ordenadores que trabajan juntos como si fueran uno solo.

Lo que hizo especial a Hadoop fue su enfoque: en lugar de depender de servidores grandes y caros, como era lo habitual, proponía usar **equipos más sencillos y asequibles (commodity hardware)**, distribuyendo las tareas entre ellos. Así se conseguía un sistema mucho más económico y escalable. Si necesitabas más capacidad, no hacía falta cambiar toda la infraestructura: bastaba con **añadir más máquinas** al clúster.

Línea de tiempo de Hadoop

2005
Inicio del desarrollo por Doug Cutting y Mike Cafarella.

2006
Hadoop se convierte en un proyecto de Apache Software Foundation.

2008
Yahoo! utiliza Hadoop para batir el récord de clasificación ordenada de datos.

2011
Lanzamiento de Hadoop 1.0: versión estable con MapReduce y HDFS.

2013
Hadoop 2.0 presenta YARN para mejorar la gestión de recursos.

2020+
Uso extendido en empresas y gobiernos para el procesamiento de grandes volúmenes de datos.

Además, Hadoop introdujo el concepto de **procesamiento paralelo de forma sencilla**. Esto significa que cuando se recibe una gran cantidad de datos, el sistema los divide en partes y los procesa al mismo tiempo en diferentes nodos. Gracias a esto, tareas que antes llevaban horas o días podían realizarse en minutos. Esta forma de trabajar se volvió ideal para empresas que gestionaban grandes volúmenes de información diariamente y necesitaban respuestas rápidas.

Hadoop se compone de varios elementos clave, pero los dos más importantes son **HDFS** y **MapReduce**. HDFS (Hadoop Distributed File System) es un sistema de archivos distribuido que **guarda los datos en diferentes máquinas** y se asegura de que estén disponibles incluso si alguna de ellas falla. Por su parte, MapReduce es un modelo de programación que **divide el trabajo en dos fases**: la fase "Map", donde los datos se procesan por separado, y la fase "Reduce", donde se agrupan y se obtiene el resultado final. Todo esto sucede de forma automática, sin que el usuario tenga que preocuparse por los detalles técnicos de la distribución.

Una de las grandes **ventajas de Hadoop** frente a los sistemas tradicionales es su **escalabilidad horizontal**. No hace falta invertir en un gran servidor para aumentar la capacidad: simplemente se añaden más nodos al sistema. Además, tiene una **alta tolerancia a fallos**, lo que significa que si uno de los equipos deja de funcionar, los datos siguen estando accesibles y el procesamiento no se detiene. Esto es fundamental en entornos donde se trabaja con información crítica o con muchos usuarios simultáneos.

Los usos de Hadoop son muy variados. Por ejemplo, es común encontrarlo en el análisis de **logs de navegación web**, donde se registran millones de visitas al día y se necesita saber qué ha hecho cada usuario, qué páginas ha visitado o cuánto tiempo ha permanecido en ellas. También se utiliza en áreas científicas, como el procesamiento de **datos meteorológicos** para predecir fenómenos naturales o en el estudio de **datos genómicos**, donde se manejan terabytes de información procedente de muestras biológicas.

Relación con Big Data	¿Para qué se utiliza?	Ejemplo específico
Hadoop permite almacenar y procesar enormes volúmenes de datos distribuidos en múltiples servidores, algo esencial en entornos Big Data.	Para análisis de datos a gran escala sin necesidad de superordenadores costosos.	**CaixaBank** lo usa para procesar millones de transacciones diarias y detectar patrones de fraude en tiempo casi real.
Gracias a su arquitectura distribuida, Hadoop permite escalar horizontalmente añadiendo más máquinas según se necesite.	Para almacenar logs, historiales de clientes o sensores IoT que generan datos constantemente.	**Renfe** podría usar Hadoop para registrar y analizar datos de sensores de trenes (temperatura, frenos, consumo...) en tiempo real para mantenimiento predictivo.
Compatible con otros componentes del ecosistema Big Data como Hive, Pig o HBase.	Para consultas SQL sobre grandes volúmenes de datos o almacenamiento en tablas NoSQL.	**INE (Instituto Nacional de Estadística)** puede usar Hive sobre Hadoop para hacer análisis demográficos en todos los municipios de España.
Hadoop distribuye el procesamiento (MapReduce) para analizar datos complejos que no caben en una sola máquina.	Para entrenamiento de modelos de IA en grandes volúmenes de datos históricos.	**Correos** puede usar MapReduce para analizar patrones de entregas retrasadas a partir de millones de envíos.
Hadoop HDFS permite almacenar datos en bruto que luego se procesan con otras herramientas.	Como repositorio central de datos para alimentar dashboards o informes.	**RTVE** puede usar HDFS para almacenar todas sus emisiones y analizar audiencias en función de contenidos, días y horarios.

Hadoop marcó una diferencia porque **democratizó el acceso al procesamiento masivo de datos**. Gracias a él, muchas organizaciones pequeñas y medianas pudieron acceder a una tecnología que antes solo estaba al alcance de grandes compañías con presupuestos elevados. Hoy en día, aunque han surgido nuevas herramientas que lo complementan o mejoran en ciertos aspectos, Hadoop sigue siendo la base sobre la que se construyó gran parte del ecosistema Big Data actual.

1.4 CARACTERÍSTICAS DEL BIG DATA (4 V'S Y MÁS)

- ⯈ Volumetría.
- ⯈ Velocidad.
- ⯈ Variedad (estructurados/no estructurados).
- ⯈ Veracidad (calidad del dato).
- ⯈ Valor del dato.

Cuando se habla de Big Data, es muy habitual encontrarse con las llamadas **"4 V's"**, que son una forma sencilla y didáctica de entender qué caracteriza a este tipo de datos y por qué se necesitan herramientas diferentes para gestionarlos. Estas cuatro palabras empiezan por V y resumen las dimensiones clave del fenómeno, aunque con el tiempo se han ido añadiendo algunas más. Vamos a verlas con ejemplos para que se entienda todo de forma clara y cercana.

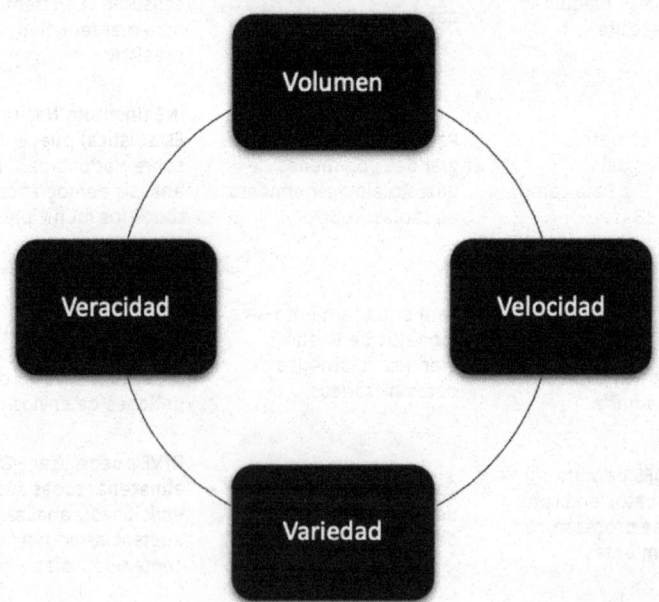

La primera V es **Volumen**, y tiene que ver con la **cantidad de datos** que se manejan. En el contexto del Big Data, no estamos hablando de gigas o de unos pocos archivos, sino de **terabytes, petabytes o incluso más**. Un buen ejemplo sería el tráfico que gestionan plataformas como **Amazon o YouTube** cada día. Millones de personas ven vídeos, hacen búsquedas, compran productos, dejan opiniones... Toda esa información se acumula y necesita ser almacenada y procesada de forma eficiente. Sin una infraestructura potente, sería prácticamente imposible gestionarlo.

La segunda es **Velocidad**, que se refiere tanto a la **rapidez con la que se generan los datos** como a la rapidez con la que hay que analizarlos. Hoy en día, los datos fluyen continuamente desde distintas fuentes: sensores que miden la temperatura o el tráfico, plataformas de redes sociales que reciben miles de publicaciones por segundo, o sistemas bursátiles que necesitan reaccionar en milisegundos. Cuanto más rápido se procesan esos datos, más útil puede ser la información extraída. Por ejemplo, en la bolsa o en la domótica del hogar, **esperar unos segundos de más puede marcar una gran diferencia**.

La tercera V es **Variedad**, y aquí entra en juego el tipo de datos. Antes se trabajaba casi exclusivamente con datos **estructurados**, que se organizan fácilmente en tablas, como las hojas de cálculo. Pero en Big Data nos encontramos con datos **no estructurados**, como textos, imágenes, audios o vídeos, y también con **semi-estructurados**, como los archivos JSON o XML. Piensa en la cantidad de **opiniones en redes sociales**, correos electrónicos, registros de sensores o grabaciones que una empresa puede tener. Todo eso también es valioso, aunque no se almacene de la misma forma que una tabla de Excel.

La cuarta V es **Veracidad**, que hace referencia a la **calidad y fiabilidad de los datos**. No todo lo que se recoge sirve tal cual: a menudo hay errores, duplicados, inconsistencias o datos incompletos. Por ejemplo, si una tienda online tiene registros duplicados de un mismo pedido, o si un sensor manda una señal errónea porque estaba mal calibrado, eso puede distorsionar el análisis final. Por eso es tan importante filtrar, limpiar y validar los datos antes de analizarlos.

Ejemplo

Datos para ver esto de forma clara, imaginemos un ejemplo concreto: el sistema de emergencias sanitarias de una gran ciudad, como Madrid.

Empecemos por Volumen. Cada día, el 112 recibe cientos de llamadas, muchas de ellas relacionadas con emergencias médicas. A eso se suman los datos que llegan desde ambulancias (GPS, historial del paciente, frecuencia cardíaca en tiempo real), hospitales (registros electrónicos de salud), y centros de coordinación (historiales de incidentes, disponibilidad de recursos). Todo eso se traduce en decenas de miles de registros diarios. En una semana, ya se podrían acumular varios terabytes de información. Este volumen de datos no se puede gestionar con hojas de cálculo o bases de datos tradicionales. Se necesita una infraestructura robusta y escalable, como un data lake o un sistema Hadoop, para almacenar y analizar toda esa información sin que colapse el sistema.

Luego está la Velocidad. En una emergencia, el tiempo lo es todo. El sistema tiene que analizar la información de inmediato: localizar la ambulancia más cercana, saber en qué hospital hay camas disponibles o si se ha producido una acumulación de llamadas en una zona concreta. Todo esto requiere análisis en tiempo real, sin esperar a fin de mes para hacer un informe. Aquí entran en juego tecnologías como Apache Kafka o Spark Streaming, que permiten procesar datos "en caliente" y dar respuestas instantáneas. Si se tarda demasiado, la ayuda podría llegar tarde, y eso puede costar vidas.

La Variedad es también un elemento clave. No se trata solo de números o registros formales. Hay audios de llamadas, mensajes de texto, vídeos de cámaras urbanas, imágenes enviadas desde los móviles de los ciudadanos, historiales médicos en PDF, datos meteorológicos, etc. Toda esta información es útil, pero está en formatos muy distintos. Por eso se necesitan sistemas capaces de entender no solo datos estructurados, como las bases de datos de pacientes, sino también datos no estructurados o semi-estructurados. Un algoritmo de IA puede, por ejemplo, analizar los mensajes de Twitter geolocalizados para detectar una posible aglomeración o accidente antes incluso de que llegue una llamada al 112.

Y finalmente, la Veracidad. En situaciones críticas, no todo lo que se recibe es 100% fiable. Una persona nerviosa puede dar una dirección incorrecta, un sensor puede fallar o los datos pueden estar duplicados. Si el sistema toma decisiones con datos erróneos, se puede enviar una ambulancia al sitio equivocado o malinterpretar la gravedad de un caso. Por eso, antes de procesar los datos, es fundamental aplicar técnicas de limpieza y validación. Se eliminan registros duplicados, se corrigen errores y se comprueban las fuentes. De lo contrario, el sistema puede perder eficiencia o incluso tomar decisiones que generen problemas.

Además de estas cuatro, hay otras V que muchos expertos también consideran clave para entender el ecosistema del Big Data. Una de ellas es la **Variabilidad**, que se refiere a los **cambios frecuentes y rápidos** en los datos. Por ejemplo, una tendencia en redes sociales puede surgir y desaparecer en cuestión de horas, y una campaña de marketing debe adaptarse a esos cambios casi en tiempo real.

Otra V interesante es la **Visualización**. Aunque no se trata de una propiedad de los datos en sí, es fundamental saber **mostrar la información de forma clara y comprensible**, sobre todo para quienes toman decisiones, pero no son técnicos. Un buen gráfico, un dashboard interactivo o una representación visual puede marcar la diferencia entre entender una situación o perderse entre números.

Y por último, no podemos olvidar la **Vulnerabilidad**, ya que el Big Data también conlleva **riesgos de seguridad y privacidad**. Cuanta más información se recoge y más delicada es, más necesario es protegerla. Esto implica pensar en aspectos como el consentimiento del usuario, el almacenamiento seguro o la anonimización de datos personales.

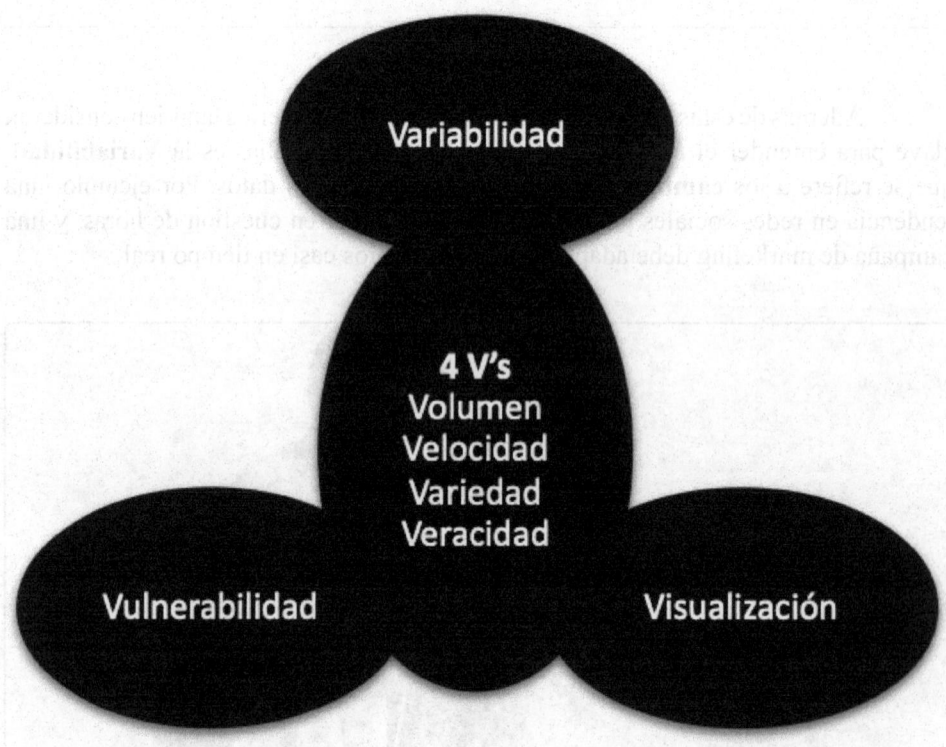

En conjunto, todas estas V nos muestran que el Big Data **no es solo una cuestión de cantidad**, sino también de **velocidad, diversidad, fiabilidad, utilidad, adaptación y responsabilidad**.

Ejemplo

En el caso de la variabilidad, pensemos en una marca de ropa que lanza una nueva colección y empieza a promocionarla en TikTok. Al principio, las interacciones son normales, pero de repente una influencer publica un vídeo viral usando una prenda, y en cuestión de horas el tráfico a la web se dispara, cambian los patrones de búsqueda y los productos más visitados no son los mismos que el día anterior. Sin herramientas de Big Data que capturen y analicen ese cambio casi en tiempo real, la empresa no podría adaptar su stock, sus anuncios ni sus recomendaciones de producto, perdiendo una oportunidad clave de ventas.

Con respecto a la visualización, imaginemos un hospital público que recibe cada día cientos de registros de pacientes, resultados de pruebas, disponibilidad de camas, tiempos de espera, etc. Para que los responsables puedan tomar decisiones rápidas —por ejemplo, reasignar personal a urgencias o abrir una nueva consulta temporal— no basta con tener todos esos datos. Lo que marca la diferencia es disponer de un panel visual claro que muestre en rojo las áreas con más saturación, en verde las que están funcionando bien, y que permita ver tendencias de un vistazo. Ahí es donde herramientas de visualización como dashboards interactivos se vuelven tan esenciales como el análisis mismo.

En cuanto a la vulnerabilidad, un ejemplo muy concreto sería el de una empresa que recopila datos de salud de sus clientes a través de una app de bienestar. Estos datos incluyen frecuencia cardíaca, niveles de estrés, localización y hábitos de sueño. Si esa información no está bien protegida y se produce una filtración, no solo se pone en riesgo la privacidad de miles de personas, sino también la reputación de la empresa. Aquí entra en juego la necesidad de anonimizar los datos, cifrarlos y cumplir con normativas como el RGPD. El Big Data no puede crecer sin una base sólida de confianza y seguridad.

1.5 NUEVOS PARADIGMAS DEL BIG DATA: PROCESOS EN REAL TIME Y CLOUD COMPUTING

En el mundo del Big Data, cada vez se da más importancia a **hacer cosas con los datos justo en el momento en que se generan**, sin tener que esperar horas o días para analizarlos. A esto se le llama **procesamiento en tiempo real**, o "real time". En lugar de almacenar primero la información y analizarla después, el sistema la interpreta al instante y toma decisiones automáticas. Este enfoque es muy útil en situaciones donde no se puede perder tiempo, como en **alertas bancarias por fraude** (por ejemplo, si se detecta un movimiento extraño en una tarjeta de crédito), o en **recomendaciones en apps móviles**, que cambian según lo que haces en ese momento.

Para que esto sea posible, se utilizan tecnologías que están diseñadas para recibir, interpretar y responder a flujos de datos de manera continua. Algunas de las más conocidas son **Apache Kafka**, que gestiona grandes volúmenes de datos en movimiento; **Spark Streaming**, que permite analizarlos casi en tiempo real; o **Apache Flink**, que es especialmente útil para tareas más complejas y reactivas. Estas herramientas se han convertido en piezas fundamentales para muchas empresas que quieren ofrecer experiencias dinámicas y personalizadas en sus servicios digitales.

Pero además del tiempo real, otro cambio importante que ha revolucionado el Big Data es el uso del **Cloud Computing**, o computación en la nube. Antes, los datos se guardaban y se procesaban en los propios servidores de las empresas, lo que requería mantener infraestructuras costosas, con todo lo que eso implica: espacio físico, mantenimiento, actualizaciones... Hoy en día, gracias a servicios como **Amazon Web Services (AWS)**, **Google Cloud Platform** o **Microsoft Azure**, es posible trabajar directamente en la nube, sin necesidad de tener esos servidores en propiedad.

La ventaja de esta forma de trabajar es que **todo es más flexible y escalable**. Si se necesita más capacidad de almacenamiento o procesamiento, se puede ampliar con solo unos clics. Además, el acceso remoto permite que equipos repartidos por distintas ciudades o países trabajen sobre la misma información sin problemas.

También supone un ahorro importante en costes iniciales, ya que no es necesario invertir tanto en infraestructura física desde el principio.

Cuando se combinan **Big Data y Cloud**, los beneficios se multiplican. Se pueden desarrollar proyectos más ágiles, donde los equipos prueban nuevas ideas sin preocuparse por si los sistemas aguantan o no. Se reduce la dependencia de sistemas locales y se mejora la velocidad para lanzar nuevas soluciones. Por eso muchas aplicaciones y plataformas digitales funcionan directamente sobre la nube.

Un ejemplo muy claro es **Netflix**, que utiliza la nube no solo para almacenar sus contenidos, sino también para analizar los hábitos de millones de usuarios en tiempo real. Gracias a eso, puede recomendar películas, ajustar la calidad del vídeo o incluso decidir qué nuevas series producir. Otro ejemplo son las **ciudades inteligentes (smart cities)**, donde el tráfico urbano se analiza en tiempo real gracias a sensores y cámaras, y los datos se procesan en la nube para gestionar mejor los semáforos, avisar de atascos o mejorar el transporte público.

Este enfoque, que combina velocidad y flexibilidad, **está transformando muchos sectores**, no solo el tecnológico. En salud, por ejemplo, se están empezando a usar dispositivos conectados que monitorizan al paciente en tiempo real y envían los datos directamente a la nube. Esto permite a los profesionales sanitarios reaccionar rápidamente si detectan algún parámetro fuera de lo normal. Lo mismo ocurre en sectores como la logística o la industria: los sensores instalados en vehículos o máquinas pueden avisar de un fallo inminente antes de que ocurra, evitando pérdidas de tiempo y dinero.

También es muy interesante cómo estos nuevos paradigmas han **reducido las barreras de entrada**. Antes, solo las grandes empresas con muchos recursos podían permitirse procesar y analizar grandes volúmenes de datos. Hoy en día, gracias a los servicios en la nube y al procesamiento en tiempo real, **incluso pequeñas empresas o startups** pueden acceder a estas capacidades y ofrecer productos y servicios muy sofisticados. Pueden probar modelos de negocio basados en datos sin tener que montar desde cero un centro de procesamiento o contratar a un ejército de técnicos.

Además, trabajar en la nube y en tiempo real **facilita mucho la escalabilidad**. Es decir, si un proyecto empieza con pocos usuarios y de repente se multiplica la demanda, se puede adaptar el sistema rápidamente sin cambiar toda la arquitectura. Esto es clave, por ejemplo, para aplicaciones móviles que se hacen virales de un día para otro, o para campañas puntuales donde se espera un pico de usuarios, como el Black Friday o eventos deportivos.

Otro aspecto interesante es que, gracias a estas tecnologías, se pueden **automatizar muchas decisiones**. Los sistemas analizan los datos al momento y ejecutan acciones sin intervención humana. Por ejemplo, una plataforma de comercio electrónico puede ajustar automáticamente los precios si detecta que un producto se está vendiendo más rápido de lo habitual. O una empresa de reparto puede reorganizar las rutas de sus transportistas si hay un atasco en una zona determinada.

Todo esto tiene también implicaciones en la **experiencia del usuario**, que se vuelve más fluida, personalizada y adaptada al momento. Si un usuario entra en una app de comida a domicilio y ve recomendaciones basadas en lo que pidió ayer, en la hora del día o incluso en el tiempo que hace, seguramente la sensación será mucho más positiva. Eso es posible porque los sistemas están recogiendo datos y tomando decisiones en tiempo real, apoyándose en servicios en la nube que procesan esa información sin retrasos.

Ejemplo

Plataforma digital de aprendizaje adaptativo Elandra Learning

Elandra Learning es una plataforma digital de aprendizaje adaptativo diseñada para centros educativos de secundaria y formación profesional en zonas rurales de España. Su objetivo es personalizar el proceso educativo de cada estudiante

© RA-MA

utilizando tecnologías Big Data, procesamiento en tiempo real y computación en la nube.

¿Cómo funciona? Cada alumno trabaja desde casa o el aula con una tablet conectada a internet. Mientras interactúa con contenidos educativos —como vídeos, ejercicios, simuladores o foros— el sistema va recogiendo continuamente datos:

- ▸ Cuánto tarda en responder.
- ▸ En qué partes se atasca.
- ▸ Cómo navega por los contenidos.
- ▸ Qué temas le interesan más…

Todos esos datos se transmiten y procesan al instante gracias a una arquitectura basada en Apache Flink y servicios en la nube de Google Cloud Platform.

Lo más interesante es que Elandra Learning utiliza estos datos para adaptar el contenido de forma inmediata. Si un alumno repite errores en álgebra, por ejemplo, el sistema le propone automáticamente actividades de refuerzo o vídeos explicativos, sin que tenga que pedir ayuda ni esperar a que el profesor lo detecte. Y si progresa más rápido en otra materia, se le desbloquean retos adicionales para mantener su motivación alta.

Además, los profesores cuentan con un dashboard en tiempo real que les muestra alertas sobre los alumnos que están teniendo dificultades, indicadores de avance del grupo, comparativas con el rendimiento esperado, y recomendaciones sobre cómo actuar. Todo eso se actualiza al momento, sin necesidad de revisar manualmente decenas de informes o notas.

Uno de los momentos clave donde Elandra Learning demuestra su potencia es durante las evaluaciones. En vez de un examen único, la plataforma genera cuestionarios personalizados según el nivel de cada alumno y detecta patrones de respuesta para prevenir el plagio o la desconcentración. Incluso adapta el nivel de dificultad según cómo esté respondiendo en tiempo real.

Gracias al uso de la nube, este sistema es accesible desde cualquier dispositivo y no requiere infraestructura especial en los centros educativos. Esto ha permitido llevar educación digital personalizada a lugares donde antes era impensable, reduciendo brechas educativas y ofreciendo una experiencia más justa y adaptativa para todos.

Plataforma de movilidad urbana inteligente ElarinFlow

Imaginemos que una ciudad española como Valencia decide mejorar su sistema de movilidad con una plataforma inteligente llamada ElarinFlow. Esta plataforma combina sensores, cámaras, GPS, análisis de datos y servicios en la nube para tomar decisiones automáticas en tiempo real que afectan directamente a miles de personas cada día.

¿Qué problema quieren resolver?

La ciudad sufre de atascos frecuentes en ciertas zonas y los ciudadanos se quejan de que los semáforos no se adaptan bien al flujo real de tráfico. Además, los autobuses llegan tarde en hora punta y hay poca coordinación entre los diferentes modos de transporte.

¿Qué datos se recogen?

ElarinFlow recopila datos desde múltiples fuentes:

- Cámaras de tráfico que detectan la cantidad de vehículos en tiempo real.

- Sensores en los semáforos que miden cuánto tiempo permanece detenido un coche.

- GPS de los autobuses municipales, que informa de su ubicación y retrasos.

- Información en redes sociales (por ejemplo, quejas de usuarios por atascos).

- Datos meteorológicos en tiempo real (lluvia, calor extremo, etc.).

¿Qué papel juega el procesamiento en tiempo real?

Con tecnologías como Apache Kafka y Flink, los datos fluyen continuamente hacia un sistema de análisis que interpreta al momento lo que ocurre. Si una cámara detecta un atasco que supera cierto umbral, el sistema ajusta automáticamente los semáforos de la zona para priorizar la descongestión. Al mismo tiempo, envía una alerta a los conductores en una app recomendando rutas alternativas, y ajusta el recorrido de los autobuses si hay desvíos necesarios.

¿Y el cloud computing?

Todo este procesamiento ocurre en la nube, concretamente sobre Google Cloud Platform, que permite:

▶ Escalar automáticamente los servidores cuando hay picos de tráfico (por ejemplo, durante un partido de fútbol).

▶ Guardar todos los datos históricos para luego analizarlos con más profundidad.

▶ Compartir en tiempo real la información con distintas áreas del ayuntamiento (tráfico, emergencias, transporte público).

▶ Mantener un dashboard accesible desde cualquier lugar para visualizar la situación de la ciudad en directo.

¿Qué beneficios consigue la ciudad?

1. **Menos atascos:**
   El sistema reacciona en tiempo real y redistribuye el flujo de vehículos.

2. **Más puntualidad en el transporte público:**
   Los autobuses reciben rutas optimizadas cada pocos segundos.

3. **Mejor experiencia del usuario:**
   La app da recomendaciones personalizadas basadas en el trayecto, el clima o la hora.

4. **Ahorro económico:**
   Se reducen los tiempos muertos, el gasto de combustible y los costes de gestión manual.

5. **Sostenibilidad**:
   Al mejorar el tráfico y evitar recorridos innecesarios, se reducen las emisiones.

Cooperativa tecnológica Sylvaris Agrotech

Sylvaris Agrotech es una cooperativa tecnológica ubicada en La Rioja que trabaja con pequeños y medianos agricultores para optimizar el rendimiento de sus cultivos mediante el uso combinado de Big Data, procesamiento en tiempo real y computación en la nube.

Cada parcela de los agricultores asociados está equipada con sensores de humedad del suelo, estaciones meteorológicas portátiles y cámaras de seguimiento de crecimiento vegetal. Estos dispositivos envían datos constantemente sobre la salud de los cultivos, las condiciones del terreno y el clima local. Los datos se recopilan en tiempo real mediante redes IoT y se envían directamente a la nube, donde se procesan utilizando herramientas como Apache Spark Streaming y servicios de análisis de AWS.

Gracias a esta infraestructura, Sylvaris Agrotech puede, por ejemplo, detectar de inmediato una bajada anómala de humedad en una zona concreta y activar el riego de forma automatizada solo en las áreas afectadas, sin necesidad de regar toda la finca. Del mismo modo, si se detectan condiciones propicias para la aparición de plagas (como una combinación de humedad alta y temperatura cálida), el sistema envía alertas personalizadas al móvil de cada agricultor con medidas preventivas recomendadas.

En la época de vendimia, cuando cada minuto cuenta, Sylvaris Agrotech analiza en tiempo real el estado de maduración de las uvas mediante imágenes multiespectrales recogidas por drones. El análisis se realiza automáticamente en la nube, y en cuestión de minutos se generan mapas de madurez que indican qué parcelas deben recogerse antes. Esto evita pérdidas, mejora la calidad del producto final y reduce costes de forma significativa.

Además, al estar todo alojado en la nube, los agricultores pueden acceder a sus datos y recomendaciones desde cualquier dispositivo, ya estén en el campo, en la bodega o en casa. No tienen que preocuparse por servidores ni por mantenimiento de sistemas, porque Sylvaris Agrotech les ofrece un servicio ágil, adaptable y escalable, incluso si amplían sus hectáreas o se suman nuevos socios a la red.

El procesamiento en tiempo real y el cloud computing han cambiado **la forma de pensar los servicios, los productos y las estrategias empresariales**. Permiten que los datos dejen de ser una fotografía del pasado para convertirse en una herramienta viva, activa y útil en el momento exacto en que se necesita. Y eso, sin duda, está marcando una nueva etapa en la historia del Big Data.

1.6 EL VALOR ESTRATÉGICO DEL DATO EN LAS ORGANIZACIONES MODERNAS

Los datos han pasado de ser un recurso técnico a convertirse en un pilar estratégico en cualquier organización moderna. Durante años, las empresas recogían información que apenas se explotaba. Se almacenaba en bases de datos, se consultaba de vez en cuando y servía, en el mejor de los casos, para hacer informes históricos. Hoy en día, ese enfoque ha cambiado por completo. Las organizaciones que sacan ventaja en sus sectores lo hacen porque han aprendido a usar los datos como una herramienta activa de mejora continua, no como un archivo pasivo.

El verdadero valor del dato está en su capacidad para **orientar decisiones**, **detectar oportunidades** y **reducir la incertidumbre**. En un contexto global donde la competencia es intensa y los cambios suceden muy rápido, reaccionar bien ya no es suficiente.

Es necesario anticiparse. Y aquí los datos juegan un papel clave. Por ejemplo, gracias al análisis de patrones de consumo, una empresa puede prever qué productos tendrán más demanda en una temporada concreta, ajustando así su producción y sus campañas de marketing sin tener que ir a ciegas.

En el sector salud, el valor del dato se percibe con claridad. Los hospitales que aplican técnicas de análisis avanzado pueden, por ejemplo, detectar el riesgo de que un paciente desarrolle una enfermedad antes de que aparezcan los síntomas, basándose en historiales clínicos, variables genéticas o estilo de vida. Esto permite intervenir antes y con tratamientos más ajustados. Durante la pandemia, el análisis de datos fue esencial para identificar focos de contagio, organizar recursos hospitalarios y decidir restricciones con base en datos reales, no en suposiciones.

En educación, los centros que utilizan plataformas digitales están empezando a detectar patrones de aprendizaje.

Qué tipo de contenido mejora la retención, en qué momento los estudiantes desconectan o qué factores influyen más en el abandono escolar. Con esa información se pueden diseñar programas formativos más eficaces y personalizados, lo que se traduce en mejores resultados y menos desigualdades.

En comercio, el dato se ha convertido en el eje de la experiencia de cliente. Las grandes plataformas de e-commerce como Amazon, por ejemplo, saben qué productos recomendarte, a qué precio mostrarte una oferta o incluso cuál es el mejor momento para enviarte una notificación, basándose en datos de navegación, historial de compras, clima o ubicación. Esto permite vender más, sí, pero también mejorar la satisfacción del cliente, fidelizarlo y reducir el coste de adquisición.

Otro campo donde los datos son clave es el transporte y la logística. Las empresas de reparto, como Correos Express o SEUR en España, utilizan sistemas basados en datos para calcular rutas óptimas que ahorran combustible y tiempo, reducen emisiones y mejoran los tiempos de entrega. En las ciudades, los ayuntamientos analizan patrones de movilidad para rediseñar líneas de autobús, peatonalizar zonas o ajustar los semáforos en función del tráfico real, no de planes fijos diseñados hace años.

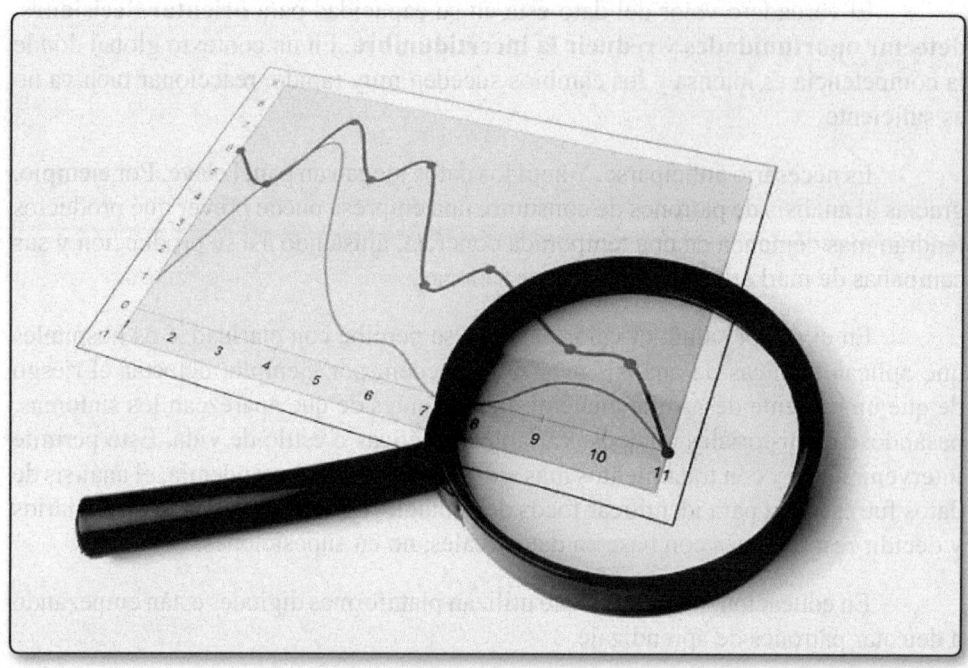

Una tendencia reciente es que **los datos también permiten medir el impacto social y ambiental de las organizaciones**, algo cada vez más demandado por la ciudadanía, la legislación y los propios inversores. Las empresas que son capaces de demostrar con datos reales que están reduciendo su huella de carbono, mejorando la diversidad en sus equipos o generando empleo local, tienen más posibilidades de acceder a financiación o ganar contratos públicos. Aquí entra en juego también la ética del dato: no se trata de recolectar información sin control, sino de usarla con responsabilidad, transparencia y respetando la privacidad.

Ahora bien, tener datos no es lo mismo que usarlos bien. Muchas organizaciones tienen información valiosa pero desorganizada, incompleta o inaccesible para quienes la necesitan. Por eso, el dato no puede depender únicamente del departamento de IT. Su valor estratégico solo se materializa cuando hay una cultura organizativa que lo entiende como un activo compartido, donde todas las áreas –desde finanzas hasta atención al cliente– están implicadas en su recogida, gestión y análisis.

Además, hay un debate interesante que cada vez cobra más fuerza:

¿Qué pasa con las pequeñas empresas o con las organizaciones del sector público que no tienen los mismos recursos que las grandes multinacionales?

Aquí entra en juego la democratización del dato. Plataformas como datos.gob.es o iniciativas como Data For Good permiten que también ayuntamientos, ONGs o cooperativas puedan acceder a información abierta, reutilizarla y sacarle partido para tomar decisiones más informadas. Esto abre una vía muy potente para reducir desigualdades y para que el dato no quede solo en manos de unos pocos.

El dato se ha convertido en un factor estratégico porque permite pasar de la intuición al conocimiento. Pero para que eso funcione, hay que invertir en calidad del dato, en formación para saber interpretarlo y en herramientas que faciliten su análisis y visualización. En este contexto, saber trabajar con datos ya no es solo cosa de analistas o programadores:

Es una competencia transversal que afecta a toda la organización, desde los equipos directivos hasta los operativos. Y es ahí donde reside su verdadero valor.

Aplicación	Sector	Descripción
Predicción de enfermedades crónicas	Seguros	Algoritmos de machine learning analizan historiales médicos y factores de riesgo para anticiparse a enfermedades como la diabetes o el cáncer.
Análisis genético personalizado	Transporte	Big Data permite cruzar millones de muestras genéticas para ofrecer diagnósticos o tratamientos personalizados según el perfil del paciente.
Optimización de recursos hospitalarios	Agricultura	Los hospitales usan análisis predictivo para prever ingresos y liberar recursos críticos como camas UCI o quirófanos.
Detección de fraudes en matrículas	Energía	Sistemas detectan comportamientos sospechosos en la inscripción educativa, como fraude en títulos o duplicación de documentos.
Personalización del aprendizaje	Seguros	Herramientas de análisis ajustan contenidos y ritmos a las necesidades de cada alumno mediante el seguimiento de su progreso digital.
Identificación de abandono escolar	Administración pública	Modelos identifican patrones que alertan del riesgo de que un estudiante abandone, y permiten activar medidas preventivas.
Análisis del comportamiento de compra	Comercio	El análisis de tickets, hábitos de compra y visitas web ayuda a diseñar campañas más efectivas y segmentadas.
Recomendación de productos	Seguros	Sistemas de recomendación muestran productos según historial de navegación y preferencias similares a otros usuarios.
Gestión de inventario en tiempo real	Agricultura	Sensores y datos en tiempo real ajustan los niveles de stock para evitar tanto exceso como faltante en almacenes.
Optimización de rutas logísticas	Energía	Plataformas de logística usan datos de tráfico, tiempo y entregas anteriores para planificar rutas más eficientes.
Predicción del tráfico urbano	Transporte	Cámaras, sensores y datos móviles permiten anticipar atascos y redirigir vehículos en tiempo real.
Monitorización de flotas en tiempo real	Agricultura	Las flotas de autobuses o camiones incorporan sensores para enviar su posición y estado a centros de control logístico.
Gestión de consumo energético	Agricultura	Las empresas eléctricas usan modelos predictivos para gestionar mejor la carga y evitar sobrecostes en horas punta.

Aplicación	Sector	Descripción
Detección de fugas en redes eléctricas	Comercio	Sensores inteligentes detectan fugas o caídas de tensión en infraestructuras eléctricas antes de que se conviertan en averías.
Predicción de picos de demanda	Banca	Algoritmos analizan históricos de consumo y clima para prever picos de demanda y ajustar la producción energética.
Detección de fraudes bancarios	Energía	La banca aplica modelos de IA para identificar transacciones inusuales o patrones típicos de fraude financiero.
Scoring crediticio alternativo	Educación	Nuevos modelos de scoring combinan datos no tradicionales como el comportamiento digital o el historial de pagos informales.
Asistentes virtuales financieros	Agricultura	Los chatbots financieros ofrecen asistencia automática 24/7, resolviendo dudas sobre cuentas, pagos o inversiones.
Detección de fraudes en seguros	Banca	Las aseguradoras usan IA para detectar fraudes al comparar reclamaciones con patrones sospechosos.
Evaluación de riesgo dinámico	Educación	Evaluaciones basadas en IA analizan el historial de cliente, localización y tipo de seguro para ajustar el riesgo.
Procesamiento de imágenes de cultivos	Energía	Drones y satélites recogen imágenes que se analizan para detectar plagas, enfermedades o zonas secas en cultivos.
Control de riego inteligente	Salud	Sistemas de riego automático se activan según los datos de humedad del suelo, clima y tipo de planta.
Predicción de cosechas	Administración pública	Modelos predictivos ayudan a estimar la cantidad de producción en función del clima, el terreno y los cultivos anteriores.
Control de calidad del aire	Banca	Sistemas de sensores miden partículas contaminantes en el aire en tiempo real para informar a autoridades y ciudadanos.
Análisis de impacto ambiental	Medio ambiente	Big Data permite evaluar cómo las acciones humanas o industriales afectan al entorno natural en zonas específicas.
Predicción de incendios forestales	Salud	Modelos predictivos analizan clima, vegetación y actividad humana para anticipar incendios y activar protocolos.
Mejora de servicios públicos	Administración pública	Ayuntamientos usan datos ciudadanos y de sensores urbanos para mejorar la limpieza, iluminación o gestión de residuos.

Aplicación	Sector	Descripción
Análisis de movilidad urbana	Comercio	Las ciudades cruzan datos de tráfico, transporte y movilidad para planificar mejoras urbanas más sostenibles.
Visualización de presupuestos públicos	Seguros	Herramientas de visualización permiten a los ciudadanos explorar presupuestos y partidas públicas con claridad.
Detección de patrones de corrupción	Transporte	Análisis de datos administrativos y financieros detectan redes irregulares o prácticas sospechosas en contratación pública.
Análisis de redes sociales para salud mental	Medio ambiente	Modelos analizan expresiones y actividad en redes sociales para detectar señales de alerta sobre salud mental.
Drones para monitorización agrícola	Comercio	Imágenes aéreas con IA detectan malas prácticas agrícolas o ayudan a monitorizar el crecimiento de cultivos.
Análisis de datos meteorológicos	Energía	Datos del clima se integran con cultivos, riego y logística para mejorar decisiones agrícolas en tiempo real.
Automatización del servicio al cliente	Comercio	Sistemas automáticos responden a preguntas frecuentes en comercios, bancos u organismos públicos, reduciendo tiempos de espera.
Reconocimiento facial en accesos	Seguros	Sistemas de IA validan la identidad del usuario mediante rasgos faciales en accesos a zonas seguras.
Clasificación automática de documentos	Energía	Los documentos se escanean y clasifican automáticamente con IA, reduciendo tareas administrativas manuales.
Análisis de sentimientos ciudadanos	Medio ambiente	Modelos analizan el tono y contenido de mensajes ciudadanos para evaluar preocupaciones sociales o temas emergentes.
Simulación de políticas públicas	Seguros	Gobiernos simulan escenarios con diferentes políticas y sus posibles efectos antes de aplicar medidas reales.
Diagnóstico automático por imagen médica	Educación	IA analiza radiografías o resonancias para detectar enfermedades sin intervención humana directa.
Predicción de accidentes laborales	Transporte	Modelos predicen condiciones de trabajo que aumentan el riesgo de accidentes y permiten tomar medidas preventivas.

Interesante

En una publicación de *AnimalCare* (2025), se detalla el contenido del taller organizado por Veterindustria en colaboración con la Agencia Española de Medicamentos y Productos Sanitarios (AEMPS), centrado en las posibilidades de la inteligencia artificial (IA), el Big Data y la digitalización dentro del ámbito de la sanidad animal. La jornada reunió a más de 100 asistentes el 19 de febrero en Madrid.

Durante la apertura, Consuelo Rubio, responsable del Departamento de Medicamentos Veterinarios de la AEMPS, subrayó que estas tecnologías permitirán agilizar procesos regulatorios y de control de medicamentos veterinarios, siempre garantizando la calidad, seguridad y eficacia de los datos utilizados. También remarcó la necesidad de cumplir con las normativas de protección de datos para asegurar una gestión ética de la información.

Desde Veterindustria, Santiago de Andrés, su director general, recalcó el peso estratégico del sector de la sanidad y nutrición animal en España y Europa, dada su aportación a la salud pública, la sostenibilidad ganadera y la seguridad alimentaria. Señaló que España cuenta con 31 plantas de fabricación de medicamentos veterinarios (nueve de ellas dedicadas a productos inmunológicos) y 12 centros especializados en I+D+i, que destinan hasta un 12% de la inversión a investigación.

La sesión de la mañana incluyó intervenciones técnicas por parte de especialistas de la AEMPS. Carmen Pastor introdujo los conceptos básicos de IA y Big Data, José Manuel Simarro explicó cómo se están implantando estas tecnologías en la industria farmacéutica veterinaria, y Ricardo Carapeto junto a Elena Lucas abordaron su papel en la evaluación de riesgos ambientales.

A nivel europeo, Paul Damien Lynn, de la EMA, aportó la visión comunitaria sobre el ciclo de vida de los medicamentos veterinarios y la integración de IA en este proceso.

Durante la tarde, Cristina Muñoz analizó ejemplos reales del uso de IA y Big Data en investigación y ensayos clínicos. Finalmente, integrantes del CISA-INIA y el CSIC, como Ana de la Torre, Irene Iglesias y Pablo Ibáñez, detallaron casos concretos de uso en sanidad animal, y Montserrat Portella, de Boehringer Ingelheim, cerró la jornada con una ponencia sobre los retos y oportunidades en la automatización y fabricación de medicamentos veterinarios.

El evento reflejó el creciente interés y compromiso del sector por integrar la transformación digital en todas las fases de la cadena sanitaria veterinaria, desde la investigación hasta la fabricación, con el objetivo de innovar, mejorar procesos y responder de forma más eficiente a los desafíos actuales.

1.7 EVOLUCIÓN Y DISTRIBUCIÓN DEL USO DE INTELIGENCIA ARTIFICIAL Y BIG DATA EN LAS EMPRESAS ESPAÑOLAS

En los últimos años, la adopción de tecnologías emergentes como la inteligencia artificial (IA) y el Big Data ha transformado progresivamente el panorama empresarial en España. Aunque esta transformación no avanza al mismo ritmo en todos los sectores ni en todas las regiones, los datos recogidos por el Instituto Nacional de Estadística (INE) y otros organismos oficiales permiten observar tendencias claras y comprender qué tipo de empresas están liderando esta incorporación tecnológica. Este epígrafe hace un recorrido por el uso de estas herramientas en distintos ámbitos:

Por comunidad autónoma, por actividad económica y por tamaño de empresa, con una atención especial a los casos de las microempresas, que muchas veces quedan fuera del foco de los grandes estudios. Además, se analizan los perfiles profesionales vinculados a estas tecnologías y se compara la situación de España con la de otros países europeos, para ofrecer una visión completa del estado actual y las oportunidades que presenta la transformación digital del tejido productivo.

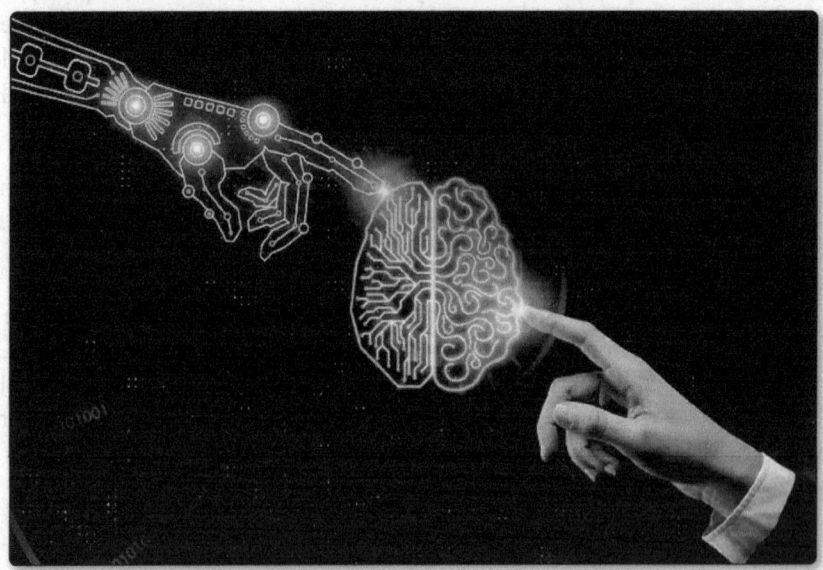

A lo largo de los siguientes párrafos, se presentarán tablas, gráficos y comentarios que ayudan a contextualizar y reflexionar sobre esta transición tecnológica, mostrando tanto los avances logrados como las brechas que aún persisten. Este análisis permitirá identificar puntos fuertes, debilidades y ámbitos prioritarios de actuación, especialmente en lo que se refiere a la política pública, la capacitación profesional y el fomento de la innovación en las pequeñas y medianas empresas de todo el país.

A continuación, se presenta una tabla con el porcentaje de empresas que analizaron Big Data, desglosada por comunidades autónomas en España. Los datos corresponden al primer trimestre del año 2017 y se refieren exclusivamente a empresas con 10 o más empleados, según los registros del Instituto Nacional de Estadística (INE).

Esta información forma parte de un estudio sobre el uso de las Tecnologías de la Información y la Comunicación (TIC) en el tejido empresarial español. El análisis se centra en una de las aplicaciones emergentes más relevantes:

El Big Data. Las cifras reflejan el porcentaje de empresas que han incorporado herramientas de análisis masivo de datos dentro de sus procesos de negocio, según agrupaciones de actividad económica.

Cada porcentaje indica la proporción de empresas que, dentro de cada comunidad autónoma, afirmaron haber utilizado Big Data durante el periodo analizado. Es importante destacar que los códigos al inicio de los literales están vinculados a preguntas concretas del cuestionario original, y que el símbolo ".." señala datos no publicados por razones de secreto estadístico, mientras que "." indica ausencia de información.

Los datos recogidos son:

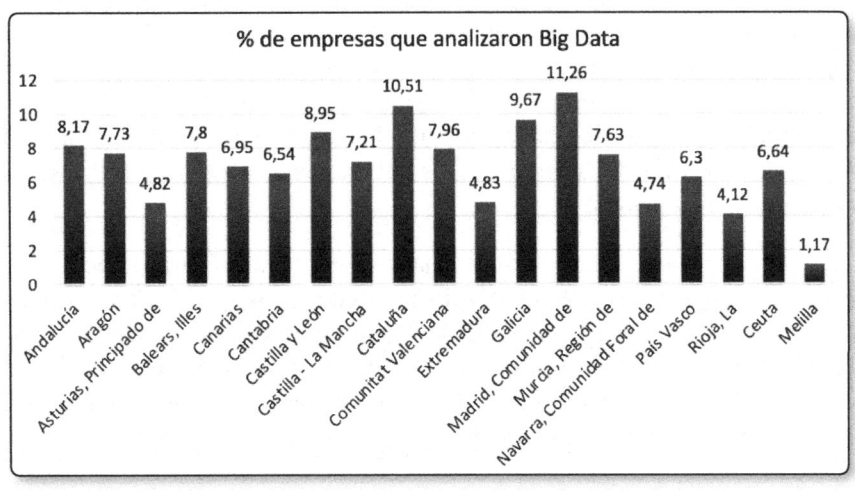

Comunidad Autónoma	% de empresas que analizaron Big Data
TOTAL NACIONAL	8,81
Andalucía	8,17
Aragón	7,73
Asturias, Principado de	4,82
Balears, Illes	7,8
Canarias	6,95
Cantabria	6,54
Castilla y León	8,95
Castilla - La Mancha	7,21
Cataluña	10,51
Comunitat Valenciana	7,96
Extremadura	4,83
Galicia	9,67
Madrid, Comunidad de	11,26
Murcia, Región de	7,63
Navarra, Comunidad Foral de	4,74
País Vasco	6,3
Rioja, La	4,12
Ceuta	6,64
Melilla	1,17

Fuente: Instituto Nacional de Estadística (INE)

Este conjunto de datos permite comprender el nivel de adopción del análisis de datos masivos en cada región y puede servir como base para reflexionar sobre el papel de la innovación tecnológica en el desarrollo económico territorial. También invita a plantearse qué políticas de fomento podrían impulsar esta tendencia en aquellas zonas con menor implantación. ¿Qué barreras encuentran las empresas en regiones como Melilla o La Rioja? ¿Qué factores hacen que Madrid o Cataluña tengan porcentajes tan altos?

Este conjunto de datos ofrece una visión bastante clara de cómo se está adoptando el análisis de Big Data en las distintas comunidades autónomas españolas. Ver los porcentajes permite ir más allá de una simple estadística: ayuda a entender qué regiones están aprovechando el potencial de la analítica avanzada y cuáles todavía tienen camino por recorrer. La diferencia entre comunidades como Madrid o Cataluña, que lideran con cifras superiores al 10%, y otras como Melilla o La Rioja, que apenas alcanzan el 1% o el 4%, plantea preguntas que merecen explorarse con calma y profundidad.

Estas diferencias pueden reflejar muchas cosas. En primer lugar, el grado de digitalización del tejido empresarial. Madrid y Cataluña cuentan con una mayor concentración de empresas grandes, centros tecnológicos, startups, universidades y hubs de innovación. Todo ese ecosistema favorece la adopción de tecnologías avanzadas, la colaboración entre actores y la generación de talento cualificado. Además, el acceso a financiación, formación y proveedores especializados es mucho más amplio en estas zonas.

En cambio, regiones como Melilla o La Rioja pueden enfrentar barreras importantes:

- ▶ **Menor densidad empresarial.**
- ▶ **Escasez de personal técnico especializado.**
- ▶ **Falta de infraestructuras digitales.**
- ▶ **El uso de datos en la toma de decisiones.**

También, hay factores culturales y estructurales que influyen, como el tamaño medio de las empresas, que en muchas zonas rurales tiende a ser más pequeño y con menos recursos para invertir en tecnología.

Este escenario pone sobre la mesa la necesidad de políticas públicas que fomenten la igualdad de oportunidades tecnológicas entre territorios. ¿Qué se puede hacer para que una pyme en Extremadura tenga las mismas opciones que una en Barcelona? Tal vez sea el momento de reforzar los programas de ayudas, crear redes de formación adaptadas a cada región, o incluso establecer centros de innovación compartidos que acerquen estas herramientas a quienes más las necesitan. El desarrollo económico del futuro no depende solo de tener buenos productos o servicios, sino de saber aprovechar los datos para mejorar cada decisión. Y eso debería estar al alcance de todas las regiones.

El siguiente gráfico muestra la distribución del porcentaje de empresas que analizaron Big Data en el primer trimestre de 2017 según el sector económico:

- ▶ Industria.
- ▶ Construcción.
- ▶ Servicios.

A partir de la encuesta sobre el uso de tecnologías de la información y el comercio electrónico, se observa una diferencia bastante clara entre sectores.

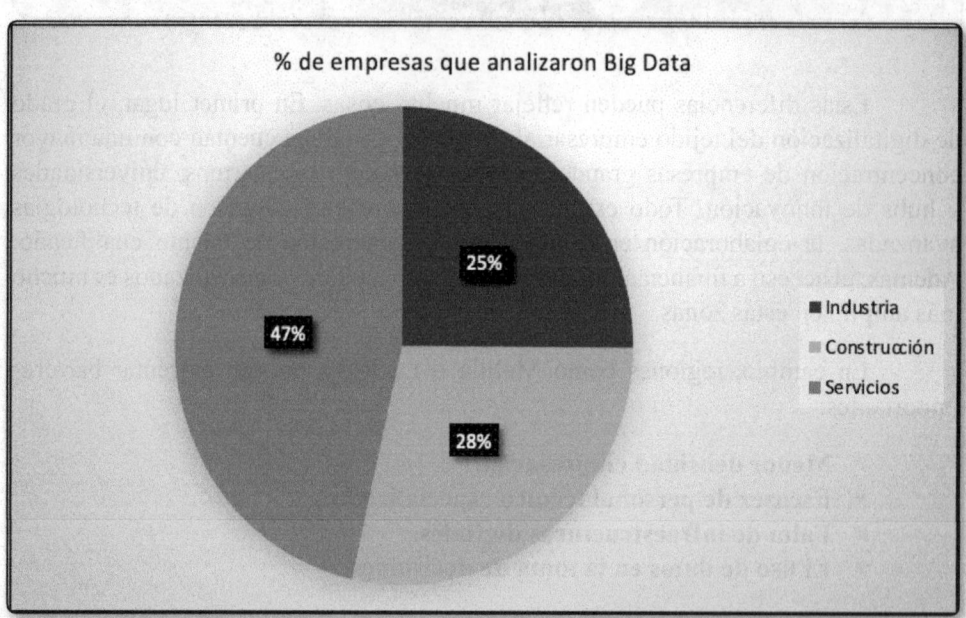

% de empresas que analizaron Big Data

25%

47%

28%

- ■ Industria
- ■ Construcción
- ■ Servicios

Sector	% de empresas que analizaron Big Data
Industria	5,75
Construcción	6,51
Servicios	10,67

Fuente: Instituto Nacional de Estadística (INE)

Las empresas del sector servicios lideran con un 10,67 %, lo que indica una mayor adopción del análisis de datos masivos. Esto puede deberse a la necesidad constante de personalizar ofertas, optimizar experiencias del cliente o ajustar campañas de marketing digital. Empresas como bancos, aseguradoras, plataformas de streaming o comercio electrónico suelen operar en este sector y tienen un gran volumen de datos que necesitan procesar en tiempo real.

En segundo lugar, encontramos al sector de la construcción, con un 6,51 %. Aunque a priori pueda parecer un sector más tradicional, cada vez es más habitual el uso de Big Data en la gestión de proyectos, control de costes, análisis de riesgos o mantenimiento predictivo de infraestructuras. Este dato revela que la transformación digital está llegando también a este ámbito, aunque aún con un ritmo más pausado.

Por último, la industria aparece con un 5,75 %. Es un porcentaje más bajo de lo que cabría esperar, sobre todo si se tiene en cuenta el potencial del análisis de datos en fábricas inteligentes (Industria 4.0), control de calidad o gestión de cadena de suministro. Esto podría indicar que muchas pymes industriales todavía no han dado el paso hacia este tipo de soluciones o que existen barreras de acceso tecnológicas o económicas.

El siguiente conjunto de datos recogido por el Instituto Nacional de Estadística muestra el uso de tecnologías de inteligencia artificial (IA) en empresas con menos de 10 empleados en España, durante el primer trimestre de 2022. Este estudio, expresado en porcentajes, permite conocer no solo cuántas de estas pequeñas empresas utilizan algún tipo de tecnología de IA, sino también con qué finalidad concreta lo hacen. Las categorías van desde el análisis del lenguaje escrito, el reconocimiento de voz o de imágenes, hasta usos más avanzados como el aprendizaje automático, la automatización de decisiones o el control de dispositivos físicos. Cada código del informe corresponde a una funcionalidad distinta, lo que facilita un análisis más detallado del tipo de innovación tecnológica que está llegando al tejido empresarial más reducido. Este tipo de información resulta clave para diseñar políticas públicas que fomenten la transformación digital, especialmente en un segmento tan amplio y diverso como el de las microempresas.

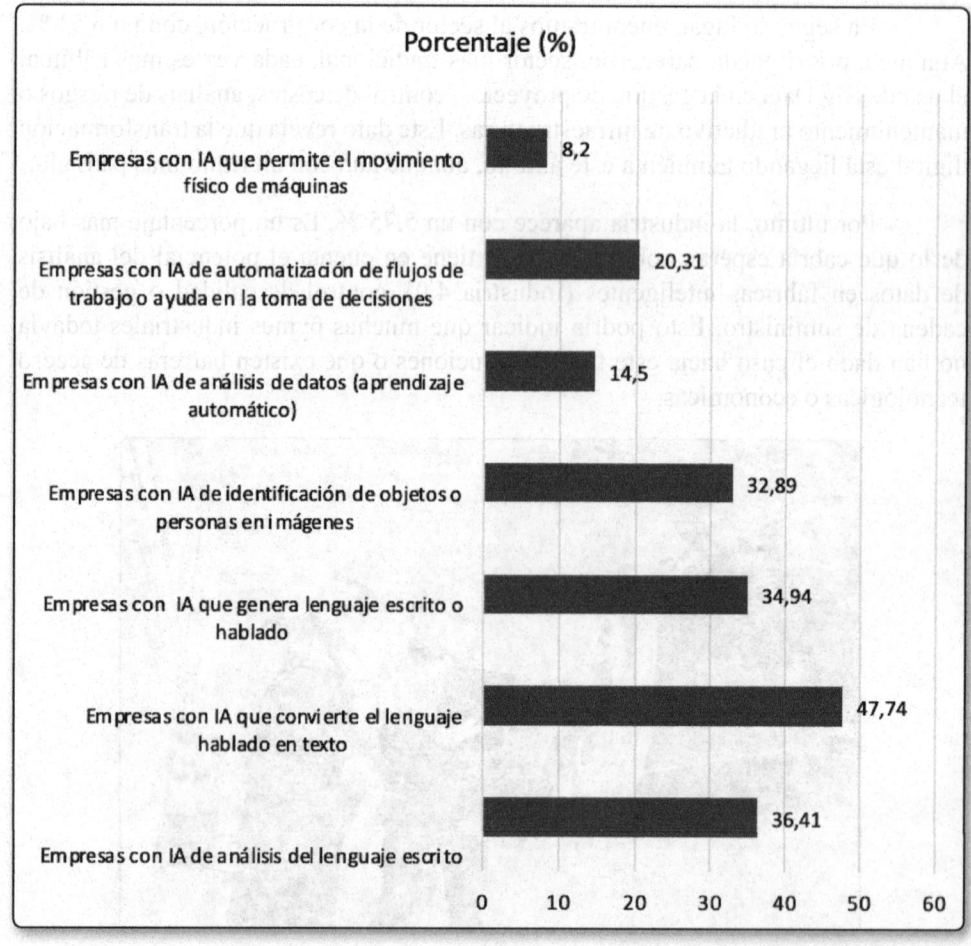

Descripción	Porcentaje (%)
Empresas que emplean tecnologías de Inteligencia Artificial (IA)	4,66
Empresas con tecnología IA de análisis del lenguaje escrito	36,41
Empresas con tecnología IA que convierte el lenguaje hablado en texto	47,74
Empresas con tecnología IA que genera lenguaje escrito o hablado	34,94
Empresas con tecnología IA de identificación de objetos o personas en imágenes	32,89
Empresas con tecnología IA de análisis de datos (aprendizaje automático)	14,5
Empresas con tecnología IA de automatización de flujos de trabajo o ayuda en la toma de decisiones	20,31
Empresas con tecnología IA que permite el movimiento físico de máquinas	8,2

Fuente: Instituto Nacional de Estadística (INE)

A continuación, se muestran dos tablas que resumen los usos más comunes de la IA en el ámbito profesional y en el personal, comparando los datos obtenidos en España con los valores globales. Esta información ayuda a comprender mejor el tipo de actividades donde esta tecnología está calando con más fuerza.

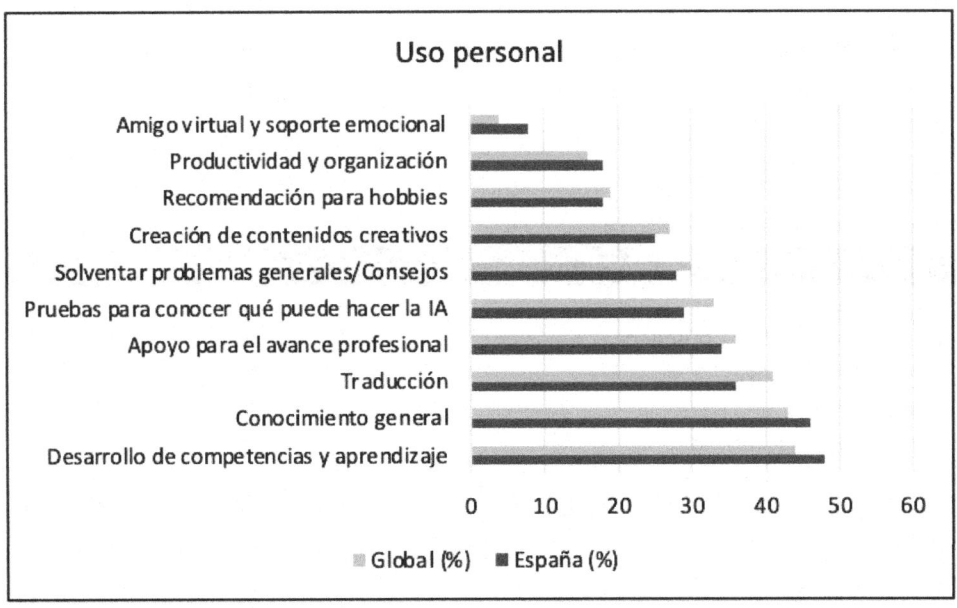

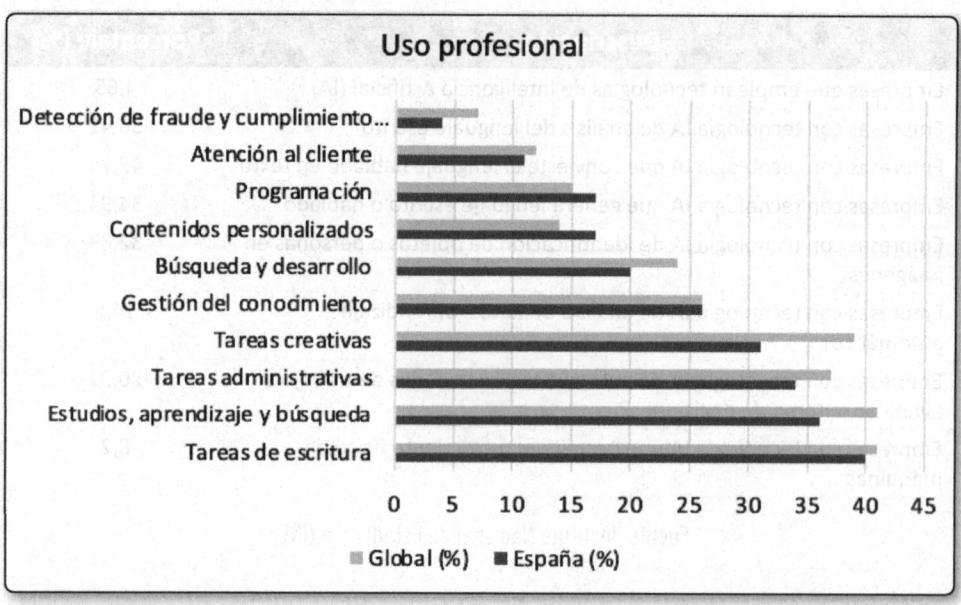

Uso de la IA en el ámbito personal	España (%)	Global (%)
Desarrollo de competencias y aprendizaje	48	44
Conocimiento general	46	43
Traducción	36	41
Apoyo para el avance profesional	34	36
Pruebas para conocer qué puede hacer la IA	28	33
Solventar problemas generales/Consejos	28	30
Creación de contenidos creativos	25	27
Recomendación para hobbies	18	19
Productividad y organización	18	16
Amigo virtual y soporte emocional	8	4
Uso de la IA en el ámbito profesional	**España (%)**	**Global (%)**
Tareas de escritura	40	41
Estudios, aprendizaje y búsqueda	36	41
Tareas administrativas	34	37
Tareas creativas	31	30
Gestión del conocimiento	26	26
Búsqueda y desarrollo	20	24
Creación de contenidos personalizados	17	14
Programación	17	15
Atención al cliente	11	14
Detección de fraude y cumplimiento normativo	4	7

Fuente: Decoding Global Talent 2024

El uso de la inteligencia artificial en el trabajo está cada vez más extendido, especialmente en tareas que requieren organización, redacción y búsqueda de información. Según los datos, el 40 % de las personas en España usan IA para tareas de escritura, como redactar informes o correos electrónicos, lo que se sitúa muy cerca de la media global (41 %). Este es uno de los usos más comunes, probablemente porque es fácil de implementar y ahorra mucho tiempo.

También se usa bastante en estudios, aprendizaje y búsqueda, donde un 36 % de personas recurren a la IA para entender conceptos, preparar presentaciones o buscar documentación. Le siguen las tareas administrativas (34 %) y las creativas (31 %), lo cual muestra que, tanto para lo rutinario como para lo más inventivo, esta tecnología está ganando terreno.

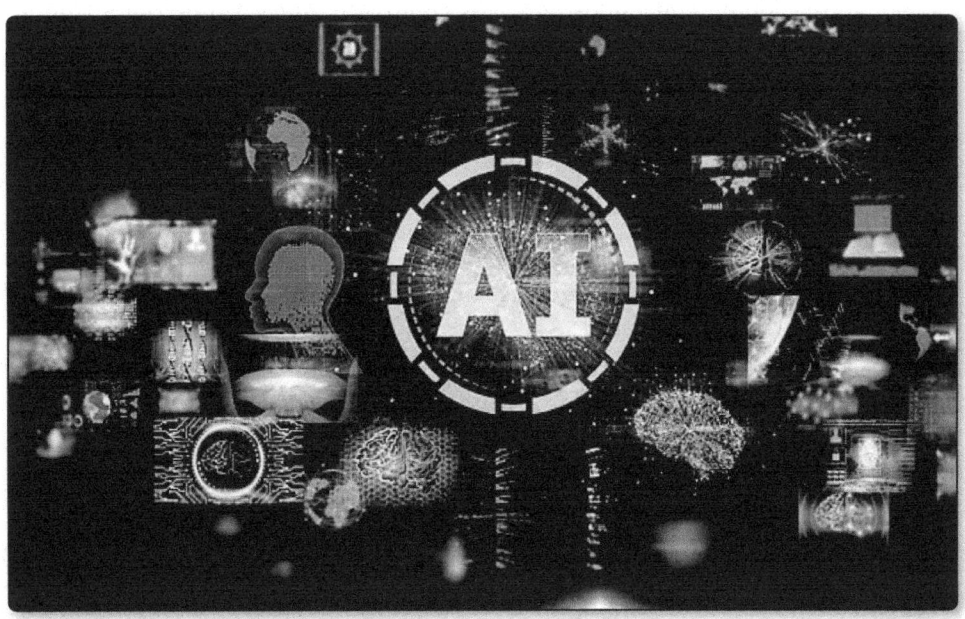

Otros usos que aparecen son la gestión del conocimiento (26 %), es decir, cómo se organiza la información dentro de una empresa, y la búsqueda y desarrollo (20 %), especialmente útil en investigación o innovación. En menor medida, también se emplea para programación (17 %), automatización de tareas y creación de contenidos personalizados para usuarios finales, ambas con el mismo porcentaje.

Más abajo en la lista encontramos funciones como atención al cliente (11 %) y, en último lugar, detección de fraude o cumplimiento normativo, con apenas un 4 %. Estos datos sugieren que, aunque hay potencial, algunas áreas aún están en fase inicial de adopción.

Cuando se trata del uso personal, la inteligencia artificial tiene un papel muy marcado en educación y desarrollo individual. Por ejemplo, el desarrollo de competencias y aprendizaje es el uso más citado (44 %), seguido muy de cerca por el conocimiento general (43 %). Muchas personas recurren a la IA para entender temas, resolver dudas o aprender habilidades nuevas desde casa.

También hay una alta presencia en traducción (41 %), una función muy práctica para quienes viajan, trabajan en entornos internacionales o consumen contenido en otros idiomas. Además, un 36 % la utiliza para recibir apoyo para el avance profesional, ya sea con consejos, preparación de entrevistas o mejora de CVs.

Otro grupo interesante de usos incluye tareas como pruebas para descubrir qué se puede hacer con la IA (33 %), solución de problemas comunes o consejos (30 %), y creación de contenidos creativos como arte, música o escritura, con un 27 %.

En el día a día, algunas personas también la emplean para recomendaciones de hobbies (19 %), organización personal (16 %) o incluso para apoyo emocional o conversación con un "amigo virtual" (4 %), lo cual da que pensar sobre el rol que puede desempeñar la IA en el bienestar.

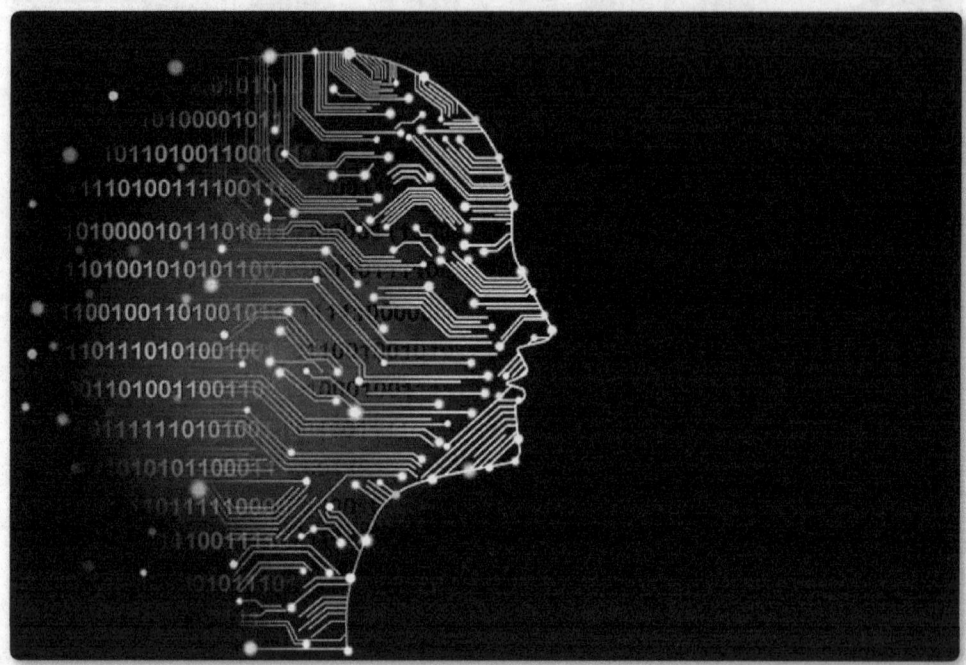

Según el informe "Uso de inteligencia artificial y big data en las empresas españolas" publicado en 2023 por el Observatorio Nacional de Tecnología y Sociedad (ONTSI), la incorporación de estas tecnologías en el entorno empresarial español continúa en expansión, aunque todavía de forma desigual entre sectores, tamaños de empresa y territorios.

En el año 2022, el uso de inteligencia artificial entre las empresas españolas de más de diez empleados creció hasta alcanzar el 11,8%, lo que representa un incremento de casi cuatro puntos respecto al año anterior. En el caso de las microempresas, el aumento fue más discreto, situándose en torno al 4,6%.

Uno de los usos más frecuentes de la IA es la automatización de procesos y el apoyo en la toma de decisiones, presente en un 46,2% de las empresas que ya usan estas tecnologías. También es común su aplicación para reconocer imágenes o identificar objetos y personas, algo que realizan cerca del 40% de estas compañías.

La adopción de IA no es uniforme. Las empresas del ámbito de la información y la comunicación (41,9%) y las del sector tecnológico (41,3%) lideran con mucha ventaja frente a otros sectores productivos. A nivel territorial, Madrid, Comunidad Valenciana, Aragón y Cataluña son las comunidades que más están incorporando inteligencia artificial, todas por encima de la media nacional.

Aunque ha aumentado el número de empresas que cuentan con especialistas en inteligencia artificial —hasta el 2,3% en 2022—, esta cifra sigue siendo baja en comparación con el total de empresas que utilizan IA. Esto sugiere que muchas organizaciones adoptan herramientas de IA sin contar con perfiles técnicos formados específicamente para ello.

En el contexto europeo, los últimos datos comparables disponibles (2021) situaban a España en una posición intermedia: a la par con la media de la UE-27 (8%) pero todavía lejos de países punteros como Dinamarca (24%), Portugal (17%) o Finlandia (16%).

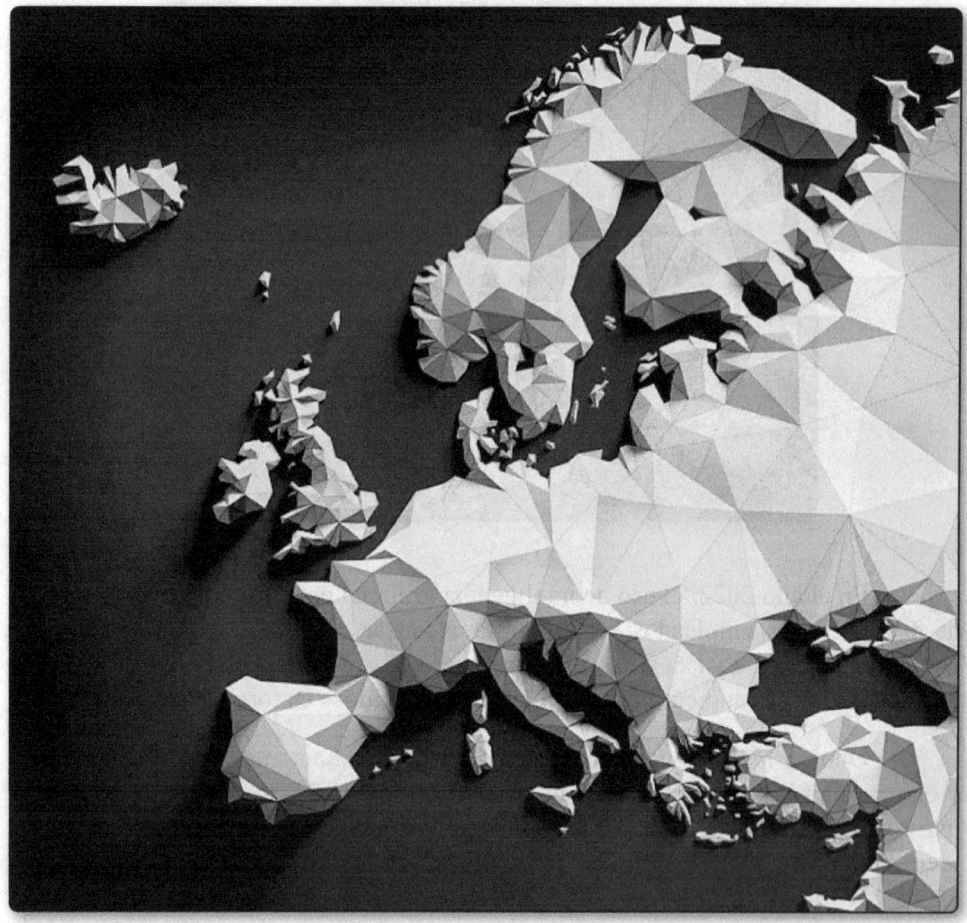

El análisis de datos masivos también ha experimentado un crecimiento, alcanzando al 13,9% de las empresas españolas con más de diez empleados. En las microempresas, aunque el porcentaje es menor, también crece, situándose en el 3,7%. Son las grandes corporaciones las que más explotan el Big Data, con una implantación del 34,7%. En las medianas la cifra alcanza el 20,8% y en las pequeñas el 11,9%.

Entre las empresas que analizan Big Data, la fuente de información más habitual es la geolocalización de dispositivos móviles, usada por más de la mitad de ellas (55,3%). Le siguen los datos procedentes de redes sociales, empleados por casi el 49%.

De nuevo, los sectores TIC y de información y comunicación son los más avanzados en el uso de Big Data (35,2% y 34,7%, respectivamente). En cuanto a la distribución geográfica, la Comunidad de Madrid encabeza la lista (17%), seguida por Cataluña y La Rioja, ambas con un 16,1%. Por el contrario, Navarra, Castilla y León y Melilla presentan los porcentajes más bajos.

En este campo, España todavía tiene recorrido por delante. En 2021, sólo el 9% de las empresas españolas utilizaban Big Data, cinco puntos por debajo de la media europea. La diferencia es más llamativa si se compara con países como Malta (31%), Países Bajos (27%) o Dinamarca (27%).

¿Cómo están usando la inteligencia artificial y el big data las empresas en España?

El uso de inteligencia artificial (IA) por parte de las empresas españolas sigue creciendo, aunque todavía es algo limitado. En 2022, el 11,8% de las compañías con más de diez trabajadores ya estaba aplicando esta tecnología en sus actividades, lo que supone un avance importante respecto al año anterior. En las microempresas, ese porcentaje es menor, aunque también ha mejorado: un 4,6% frente al 3,5% del año anterior.

Cuando hablamos de big data, los números son algo más altos. Casi el 14% de las empresas medianas o grandes hacen análisis de datos masivos, lo que indica que esta tecnología está algo más extendida. En el caso de las microempresas, el 3,7% la está utilizando, una cifra que también ha subido ligeramente respecto a 2021.

¿Cuáles son las diferencias según el tamaño de la empresa?

El tamaño importa, y mucho, cuando se trata de adoptar nuevas tecnologías. Las grandes compañías son las que más están apostando por la IA: el 41,2% ya la usa, frente al 33,1% del año anterior. Las medianas también han dado un salto importante, pasando del 13,6% al 20%. En las pequeñas, el crecimiento es más discreto, pero constante.

En el terreno del big data, también se nota esta tendencia. Las empresas más grandes han aumentado su uso en más de cinco puntos porcentuales, situándose cerca del 35%. Las medianas han llegado al 20,8% y las pequeñas al 11,9%. Aunque los avances no son espectaculares, muestran una clara evolución hacia una cultura más basada en datos.

¿Qué tipos de tecnologías están usando las empresas?

La inteligencia artificial no es una única herramienta, sino un conjunto de tecnologías que pueden tener usos muy diferentes. Por eso, las empresas que ya han empezado a integrarla lo hacen en áreas muy distintas. Las más comunes son:

▶ Automatización de tareas o apoyo en la toma de decisiones (usada por un 46,2% de las empresas que aplican IA).

▶ Reconocimiento de imágenes, por ejemplo para identificar objetos o personas (39,7%).

▶ Aprendizaje automático para analizar datos (33,1%).

▶ Sistemas que convierten la voz en texto que entiende una máquina (32,4%).

En cuanto al big data, la fuente más habitual para analizar datos masivos es la geolocalización desde móviles u otros dispositivos portátiles. Más de la mitad de las empresas que usan big data trabajan con este tipo de información (55,3%). Los datos provenientes de redes sociales también son muy utilizados (48,6%).

¿Qué sectores lideran el uso de estas tecnologías?

No todos los sectores avanzan al mismo ritmo. La IA, por ejemplo, está mucho más implantada en las empresas tecnológicas o del ámbito de la comunicación. Estas son las cifras más destacadas:

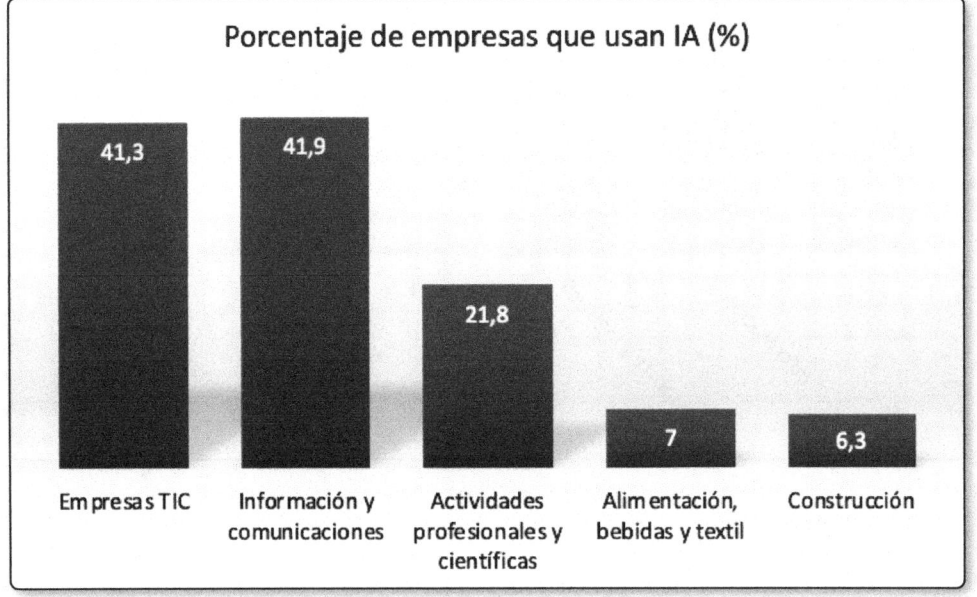

- ⚑ Empresas TIC: 41,3%.

- ⚑ Información y comunicaciones: 41,9%.

- ⚑ Actividades profesionales y científicas: 21,8%.

- ⚑ Alimentación, bebidas y textil: 7%.

- ⚑ Construcción: 6,3%.

Con el big data pasa algo parecido.

Los sectores con más implantación son:

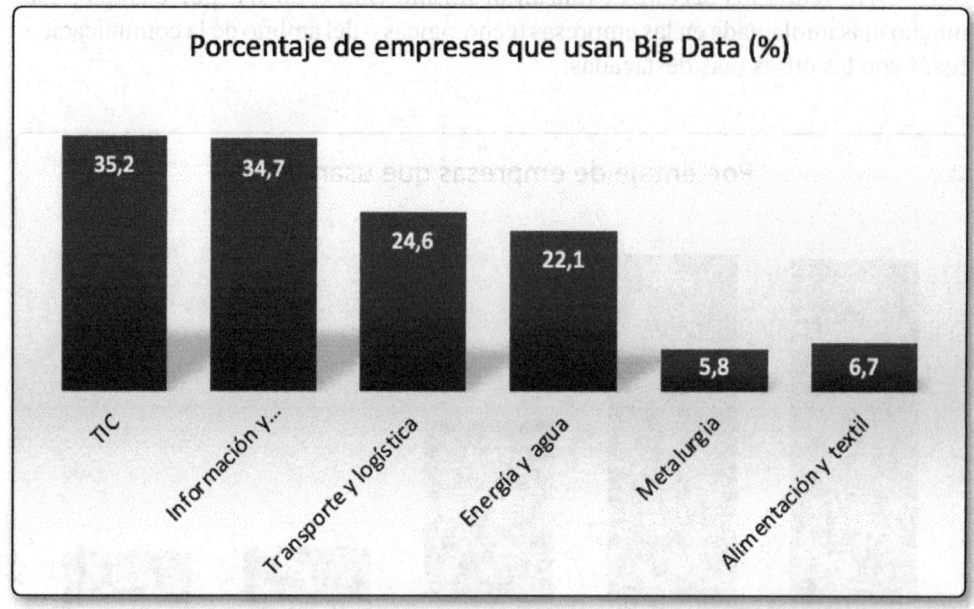

- ► TIC: 35,2%.

- ► Información y comunicaciones: 34,7%.

- ► Transporte y logística: 24,6%.

- ► Energía y agua: 22,1%.

- ► Metalurgia: 5,8%.

- ► Alimentación y textil: 6,7%.

Como se puede ver, hay una diferencia de hasta 30 puntos entre los sectores más avanzados y los que apenas han empezado.

¿Y qué pasa en cada comunidad autónoma?

En el mapa de España también hay diferencias notables. Madrid encabeza el uso de inteligencia artificial, con un 16,8% de empresas de más de diez empleados que ya la utilizan. Le siguen la Comunidad Valenciana (14,1%), Aragón (12,7%) y Cataluña (12,3%). En el extremo opuesto están regiones como Castilla y León (7,4%), Ceuta (7%) y Melilla (2,5%).

Si hablamos de big data, el patrón es muy parecido. Madrid vuelve a liderar, con un 17% de implantación. Cataluña y La Rioja le siguen con un 16,1%. Navarra y Castilla y León están bastante por detrás, y Melilla cierra la lista con un escaso 1,6%.

En los últimos años, la expansión de las tecnologías digitales ha traído consigo nuevas profesiones, y entre ellas destacan claramente los perfiles especializados en inteligencia artificial y análisis de datos. Estos avances están transformando la forma en la que se organiza el trabajo, y están obligando tanto a las empresas como a los profesionales a adaptarse, ya sea buscando formación nueva o ajustando sus procesos de contratación para no quedarse atrás en esta nueva realidad tecnológica.

Aunque un número cada vez mayor de empresas españolas (con plantillas de diez o más personas) está usando inteligencia artificial —un 12,6% en 2022—, lo cierto es que muy pocas tienen en plantilla a expertos específicos en IA: apenas un 2,3%. Esto indica que muchas compañías están recurriendo a soluciones ya empaquetadas o a servicios externos, sin necesidad de contar con personal interno especializado. Aun así, esta cifra ha subido casi un punto respecto al año anterior, lo que muestra una tendencia positiva.

Si nos fijamos en el tamaño de las empresas, las diferencias son notables. Mientras que el 10,5% de las grandes empresas ya cuenta con personal experto en IA, este porcentaje baja al 4,4% en las medianas, al 1,6% en las pequeñas y apenas alcanza el 0,1% en las microempresas. El tamaño, como vemos, sigue marcando una gran diferencia en la capacidad para incorporar perfiles especializados.

En cuanto a los sectores económicos que más apuestan por contratar especialistas en inteligencia artificial, destacan claramente el sector TIC, con un 15,5% de empresas que cuentan con este tipo de personal, seguido muy de cerca por el sector de información y comunicaciones (14,5%) y, algo más lejos, el de actividades profesionales, científicas y técnicas (5,5%).

Si hablamos de datos, la proporción de empresas que cuenta con especialistas en este campo es mayor que en el caso de la IA: un 9,8% en 2022. Esta cifra también ha aumentado en comparación con 2021. Al igual que ocurría con la IA, son las empresas grandes las que más incorporan expertos en datos: el 41,7% ya los tiene en plantilla, frente al 20,1% en las medianas y al 7% en las pequeñas.

Por sectores, la tendencia es parecida: las empresas del sector TIC encabezan la lista con un 41,9% que emplea especialistas en datos, seguidas por las del ámbito de información y comunicaciones (40,2%) y las dedicadas a actividades profesionales, científicas y técnicas (12,7%). En cambio, sectores como la construcción o la industria alimentaria están a la cola en este tipo de contrataciones.

Estos datos reflejan una realidad cada vez más clara: el talento especializado en IA y datos está siendo muy demandado, pero aún hay una brecha importante entre la necesidad real y la capacidad de muchas empresas para incorporar este tipo de perfiles, especialmente entre las más pequeñas y en ciertos sectores que aún están lejos de digitalizarse por completo.

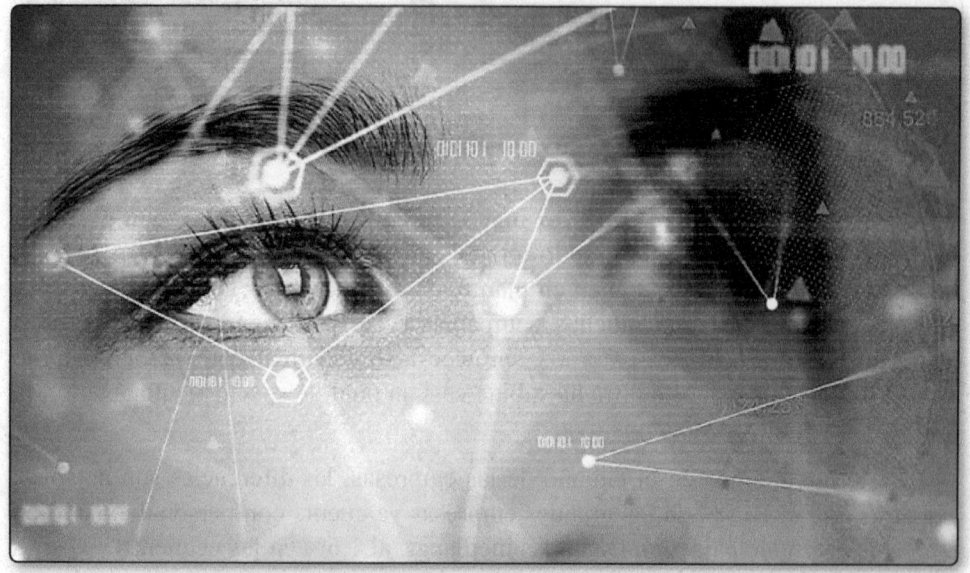

En los últimos años, el uso de la inteligencia artificial en las empresas de la Unión Europea ha ido ganando presencia, aunque con importantes diferencias entre países. Cuando se analizan los distintos tipos de tecnologías de IA utilizadas, se observan patrones diversos que reflejan el nivel de madurez digital de cada territorio:

▶ **Análisis del lenguaje escrito**

Uno de los usos más comunes de la IA en las empresas es el análisis del lenguaje escrito. En este campo, países como Portugal, Luxemburgo o Dinamarca destacan con porcentajes que superan el 8%. España, sin embargo, se sitúa en la parte baja de la tabla, con un 2,3% de empresas que aplican esta tecnología, por debajo de la media de la UE27.

▶ **Conversión de lenguaje hablado a formato legible**

Otra aplicación de la IA es transformar lo que se dice en texto que pueda ser procesado por máquinas. Dinamarca lidera esta categoría, seguida de Alemania y Luxemburgo. En este caso, España alcanza el 2,3%, justo en la media europea, lo que indica un desarrollo moderado.

▶ **Generación de lenguaje oral o escrito**

Generar contenido mediante IA, ya sea hablado o escrito, todavía no es muy habitual en Europa. Solo Dinamarca y Eslovenia destacan con cifras superiores al 3%. España, con un 1,4%, empata con la media de los países miembros, lo que sugiere que esta tecnología todavía está en fase inicial en el tejido empresarial español.

▶ **Identificación de objetos o personas mediante imágenes**

Las soluciones basadas en visión artificial tienen una acogida desigual. Eslovenia y Finlandia son las más avanzadas, con más del 7% de empresas que usan esta tecnología. España, en este caso, consigue una posición ligeramente por encima de la media con un 3,1%, lo que evidencia cierto avance en este campo concreto.

▶ **Aprendizaje automático**

El machine learning, especialmente aplicado al análisis de datos, presenta una adopción baja en general. Dinamarca vuelve a liderar el ranking con un 8,8%, mientras que España se queda en el 2,3%, por debajo de la media europea (3,7%). Aun así, muestra señales de crecimiento.

▼ **Automatización de procesos y toma de decisiones**

Esta es una de las áreas con mayor potencial práctico. Dinamarca vuelve a encabezar la lista con un impresionante 16,9%, mientras que España se alinea con la media de la UE en un 3%. Esto sugiere que muchas empresas aún están explorando cómo integrar la IA en su operativa diaria.

▼ **Movilidad basada en IA**

El uso de inteligencia artificial para controlar el movimiento físico de dispositivos o máquinas, mediante decisiones autónomas, es muy poco común. En España, solo el 1% de las empresas ha adoptado esta tecnología, que es algo superior a la media europea. Países como Dinamarca y Finlandia están a la cabeza también en esta categoría.

▼ **Uso del big data en Europa**

En lo que respecta al big data, España también se encuentra en una posición intermedia-baja. Solo el 9% de las empresas lo utilizan, un porcentaje inferior al 14,2% de media europea. Países como Malta, Países Bajos y Dinamarca presentan niveles de uso mucho más elevados, por encima del 27%.

▼ **Geolocalización como fuente de big data**

Este tipo de análisis es más habitual en países como Francia, Malta o Bélgica, donde más del 10% de las empresas lo emplean. España, con un 3,2%, se sitúa entre los últimos puestos.

▼ **Big data desde redes sociales**

El análisis de datos generados en redes sociales es otra práctica donde España no destaca: solo un 3% de las empresas lo llevan a cabo, lejos de países líderes como Malta (18%) o los Países Bajos (16%).

▼ **Sensores y dispositivos inteligentes**

Respecto al uso de datos recogidos mediante sensores o dispositivos inteligentes, España también va por detrás. En 2020, apenas un 2,3% de las empresas lo empleaban, frente al 6,8% de media en la UE, y muy lejos de Malta o Finlandia, que superaban el 8%.

 **Nota**

A continuación, se expone un resumen con los **principales datos** extraídos del epígrafe.

ADOPCIÓN DE BIG DATA EN
EMPRESAS
ESPAÑOLAS

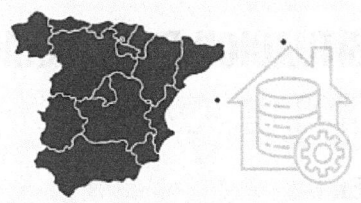

13,9% de empresas de más de 10 empleados usan Big Data (2022).

En microempresas, solo un 3,7%.

Las grandes empresas lo usan en un 34,7% de los casos.

Las fuentes más comunes de datos son:

- Geolocalización de dispositivos móviles (55,3%).
- Redes sociales (48,6%).

ADOPCIÓN DE IA EN
EMPRESAS
ESPAÑOLAS

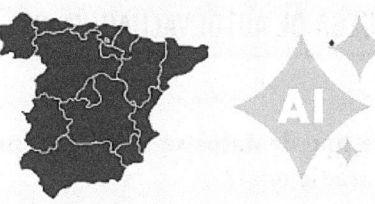

11,8% de empresas de más de 10 empleados usan IA (2022).

En microempresas, el uso alcanza el 4,6%.

Grandes empresas: 41,2% usan IA.

Tecnologías de IA más usadas:

- Automatización y ayuda en decisiones: 46,2%.
- Reconocimiento de imágenes: 39,7%.
- Aprendizaje automático: 33,1%.
- Conversión de voz a texto: 32,4%.

SITUACIÓN DE ESPAÑA EN EUROPA

En IA:

- España se sitúa en la media o ligeramente por debajo de la UE en la mayoría de tecnologías.

En Big Data:

- España: 9% de empresas lo usan (2021).
- Media UE: 14,2%.
- Países líderes: Malta, Países Bajos, Dinamarca (27%-31%).

1.8 PRUEBA DE AUTOEVALUACIÓN DEL CAPÍTULO

1. **¿Qué tipo de datos se utilizaban principalmente en el Business Intelligence (BI) tradicional?**

   a) Imágenes y vídeos

   b) Datos estructurados en tablas

   c) Datos en tiempo real

   d) Datos recogidos de redes sociales

2. **¿Cuál de estas herramientas es un sistema distribuido de archivos creado por Google?**

   a) Apache Spark

   b) Hadoop HDFS

   c) Google File System (GFS)

   d) SQL Server

3. ¿Qué empresa desarrolló el modelo MapReduce?

a) Microsoft

b) Google

c) Amazon

d) IBM

4. ¿Cuál de las siguientes afirmaciones describe mejor la función de MapReduce?

a) Almacenar datos de forma segura en la nube

b) Crear dashboards visuales

c) Procesar datos en paralelo dividiendo tareas entre nodos

d) Convertir datos no estructurados en estructurados

5. ¿Qué característica del Big Data se relaciona con la rapidez de generación y análisis de los datos?

a) Variedad

b) Velocidad

c) Veracidad

d) Valor

6. ¿Qué permite Hadoop frente a los sistemas tradicionales?

a) Usar solo un gran servidor central

b) Escalar horizontalmente añadiendo más nodos

c) Evitar el almacenamiento distribuido

d) Procesar solo datos estructurados

7. ¿Cuál de estos ejemplos refleja claramente un uso de procesamiento en tiempo real?

a) Análisis mensual de ventas

b) Alertas de fraude en tarjetas de crédito al momento

c) Elaboración de informes anuales

d) Consultas en hojas de cálculo

8. ¿Qué sistema de archivos usa Hadoop?

a) GFS

b) HDFS

c) MapReduce

d) JSON

9. ¿Qué tipo de datos se considera no estructurado?

a) Registro de ventas

b) Texto de opiniones en redes sociales

c) Tabla de Excel

d) Archivo CSV

10. ¿Qué ventaja aporta el Cloud Computing al Big Data?

a) Dificulta el acceso remoto

b) Permite escalar sin comprar servidores propios

c) Solo funciona con datos locales

d) Aumenta los costes iniciales

Respuestas correctas

1. b
2. c
3. b
4. c
5. b
6. b
7. b
8. b
9. b
10. b

2

CONOCIMIENTO DE NOCIONES BÁSICAS SOBRE ARQUITECTURA BIG DATA Y PRINCIPALES TECNOLOGÍAS

Una vez claros los conceptos básicos, este segundo capítulo se centra en el "cómo se hace". Aquí se explica la arquitectura que hay detrás del Big Data, es decir, cómo se organiza y procesa toda esa información de forma eficiente.

Se presentan tecnologías clave como Hadoop, Spark o Kafka, y se explican las funciones de distintos procesos como la extracción y carga de datos (ETL), o el tratamiento de datos en tiempo real. También se hace un recorrido por los lenguajes de programación más habituales en este entorno y se introduce la importancia de la seguridad y el control del dato.

2.1 EL ECOSISTEMA HADOOP: HDFS Y MAPREDUCE

Como ya sabemos, Hadoop es una de esas tecnologías que han cambiado para siempre el modo en que las organizaciones gestionan grandes cantidades de información. Apareció en un momento en el que los datos empezaban a crecer de forma imparable y las herramientas tradicionales ya no daban abasto. Lo interesante de Hadoop es que permite **almacenar y procesar datos masivos** de forma distribuida, es decir, **repartiendo el trabajo entre muchas máquinas** conectadas en red, sin necesidad de que ninguna sea especialmente potente o costosa. Este enfoque abrió la puerta a que empresas más pequeñas pudieran trabajar con volúmenes de datos que antes solo estaban al alcance de grandes corporaciones tecnológicas.

Una de las piezas clave de Hadoop es **HDFS**, que son las siglas de *Hadoop Distributed File System*. Este sistema de archivos funciona de manera diferente a los clásicos: cuando se sube un archivo grande, **lo divide automáticamente en bloques más pequeños y los guarda en diferentes nodos del sistema**. Así se consigue que varios ordenadores puedan colaborar en el almacenamiento y recuperación de la información. Además, **cada bloque se guarda con varias copias en distintos nodos**, lo que garantiza que, aunque uno falle, los datos no se pierdan. Entre sus ventajas más claras están la **escalabilidad** (se pueden añadir más máquinas según crece la necesidad), la **tolerancia a fallos** y la capacidad de **gestionar todo el proceso de forma automática** sin intervención constante del usuario.

La otra gran parte del motor de Hadoop es **MapReduce**, un modelo de programación que permite **procesar grandes cantidades de datos de forma paralela**. Su funcionamiento se basa en dos fases muy sencillas: primero viene la fase *Map*, donde los datos se dividen en partes y se procesan por separado en cada nodo. Después llega la fase *Reduce*, en la que se agrupan y se combinan los resultados obtenidos para formar una salida coherente y completa. Lo potente de este sistema es que **no hace falta tener un superordenador para trabajar con millones de datos**, ya que se puede hacer con varios equipos normales trabajando juntos.

Gracias a Hadoop y su modelo de trabajo, tareas que antes requerían días o incluso semanas se pueden resolver en cuestión de horas. Por ejemplo, se puede usar para **analizar los registros de navegación de millones de usuarios** en una página web, lo que permite mejorar el rendimiento o la experiencia del cliente. También resulta muy útil para el **procesamiento de logs de sistemas**, en los que se registran todas las acciones que ocurren dentro de una red o una aplicación. Incluso en el ámbito científico, donde se generan enormes cantidades de datos, Hadoop ha permitido manejar y analizar información que sería inabarcable con métodos convencionales.

A continuación, se explica cómo funciona Hadoop paso a paso.

¿Cómo funciona Hadoop exactamente?

Hadoop se compone de dos elementos principales que trabajan juntos:

▶ HDFS (Hadoop Distributed File System) → para almacenar los datos.

▶ MapReduce → para procesar esos datos.

Imagina que tienes un archivo de 500 MB que quieres analizar (por ejemplo, un registro de actividad de una página web). En un sistema tradicional, ese archivo se guardaría entero en un solo ordenador. En Hadoop, el proceso es muy diferente:

1. **Almacenamiento con HDFS**

   Paso 1: división del archivo en bloques

   HDFS divide automáticamente ese archivo en bloques más pequeños, por ejemplo, de 128 MB cada uno. Así tendrías:

   • Bloque 1: los primeros 128 MB

   • Bloque 2: los siguientes 128 MB

   • Y así sucesivamente…

Paso 2: reparto entre nodos

Cada bloque se reparte entre distintos ordenadores (nodos) del clúster Hadoop. Por ejemplo:

- Bloque 1 se guarda en el nodo A

- Bloque 2 en el nodo B

- Bloque 3 en el nodo C

Además, cada bloque se copia en 2 nodos adicionales por si alguno falla.

Si un ordenador se apaga o se estropea, el sistema usa automáticamente una de las copias para seguir funcionando. Así, no se pierden los datos ni se interrumpe el trabajo.

2. **Procesamiento con MapReduce**

Una vez que los datos están guardados, llega el momento de analizarlos con MapReduce, que sigue dos fases muy bien diferenciadas:

- Fase Map

Cada nodo lee su bloque de datos y ejecuta una pequeña tarea de análisis en él.

Por ejemplo, si estás contando cuántas veces aparece una palabra en un texto, cada nodo contaría las veces que aparece en su propio bloque.

El resultado se convierte en pares clave-valor, como por ejemplo: ("usuario_123", 12) → El usuario 123 visitó 12 páginas.

- Fase Reduce

Luego, todos esos pequeños resultados se agrupan por clave.

Así, si varios nodos han contado visitas del mismo usuario, el sistema suma automáticamente todos los valores de esa clave para obtener el total.

El resultado final puede ser, por ejemplo: ("usuario_123", 42) → En total, el usuario 123 hizo 42 visitas.

Archivo de datos grande
(Ej. logs, comentarios, etc.)

↓

División automática en bloques
(128 MB aprox.)

↓

Distribución entre nodos
+ Copias de seguridad

↓

Fase Map:
Cada nodo analiza su bloque

↓

Fase Reduce:
Se agrupan resultados

↓

Resultado final:
Informe con los datos procesados

Por ejemplo, supongamos que quieres saber cuál es la palabra más utilizada en todos los comentarios de una tienda online:

1. Subes un archivo de 1 GB con todos los comentarios a Hadoop.

2. HDFS lo divide en bloques y los reparte entre 8 nodos.

3. Cada nodo ejecuta un proceso *Map* que analiza su bloque y cuenta las palabras.

4. Luego, en la fase *Reduce*, Hadoop junta todas esas cuentas parciales y suma cuántas veces aparece cada palabra.

5. El resultado es una lista ordenada con las palabras más repetidas y su número de apariciones.

Principales lenguajes de programación utilizados:

▶ Java.

▶ Scala.

▶ SQL.

▶ Python.

Cuando se trabaja con tecnologías Big Data, es bastante común encontrarse con varios lenguajes de programación que se complementan entre sí según el tipo de tarea que se quiera realizar. Cada uno tiene sus puntos fuertes y su lugar dentro del ecosistema. Conocerlos ayuda a elegir bien según el proyecto, la herramienta o el perfil del equipo.

Empezando por **Java**, es un lenguaje muy presente en el mundo del Big Data porque es el que se usó para desarrollar Hadoop. Por eso, muchas de sus herramientas y bibliotecas están pensadas directamente para trabajar con Java. Tiene fama de ser algo más "serio" y menos flexible en su sintaxis, pero ofrece una gran estabilidad y un rendimiento muy sólido, sobre todo cuando se trata de aplicaciones complejas o que deben procesar grandes volúmenes de datos de forma muy eficiente. Si el objetivo es programar dentro del núcleo de Hadoop o integrar sistemas con necesidades de alto rendimiento, Java suele ser una opción bastante fiable.

Scala, por su parte, es un lenguaje más moderno, que combina la programación funcional con la orientada a objetos. Está muy vinculado a **Apache Spark**, uno de los motores más potentes para análisis de datos en memoria. Scala permite escribir código más compacto que Java, y facilita operaciones complejas sobre grandes conjuntos de datos gracias a su estilo funcional. Es una buena elección cuando se necesita trabajar con estructuras de datos distribuidas, como RDDs o DataFrames en Spark, y se busca fluidez en la escritura del código sin perder rendimiento.

SQL es el clásico entre los clásicos. Aunque no es un lenguaje de programación como tal, es imprescindible en cualquier proyecto de datos. Se usa para consultar bases de datos relacionales y extraer información útil a partir de ellas. Es especialmente útil en la fase de análisis estructurado, cuando se necesita filtrar, agrupar o resumir grandes volúmenes de datos de forma precisa. Herramientas como Hive o Spark SQL permiten usarlo sobre datos que están en entornos Big Data, aunque no estén en bases de datos tradicionales. Su principal ventaja es que muchos profesionales lo conocen ya, y se puede usar sin necesidad de aprender un lenguaje más complejo.

Y luego está **Python**, que se ha convertido en una especie de "lenguaje universal" dentro del mundo de los datos y la inteligencia artificial. Es sencillo, muy legible y tiene una enorme comunidad detrás. Pero lo que más lo destaca es su ecosistema de librerías:

▶ **Pandas** para análisis de datos.

▶ **NumPy** para cálculos numéricos.

▶ **Matplotlib y Seaborn** para visualización.

▶ **Scikit-learn o TensorFlow** para modelos de machine learning.

Es perfecto cuando el objetivo es explorar datos, construir modelos predictivos o hacer prototipos rápidos. También se integra bien con Spark (mediante PySpark) y con bases de datos a través de conectores.

En la práctica, lo más habitual es combinar varios lenguajes según el contexto. Por ejemplo, se puede usar SQL para hacer una primera selección de datos en Hive, procesarlos con Spark usando Scala o PySpark, y luego entrenar un modelo de predicción con Python. Si se necesita una solución más robusta y optimizada, entonces Java entra en juego para programar componentes de mayor rendimiento.

	Java	Scala	SQL	Python
RELACIÓN CON BIG DATA	Lenguaje base de Hadoop. Muy usado en desarrollo de sistemas distribuidos.	Lenguaje principal en Apache Spark. Ideal para procesamiento paralelo y eficiente.	Consulta y análisis de datos estructurados. Ampliamente usado en Hive y Spark SQL.	Usado con PySpark, análisis de datos, machine learning y automatización de procesos.
RELACIÓN CON IA	Menos común en IA, aunque se puede usar en backends de sistemas inteligentes.	Compatible con MLlib (librería de machine learning de Spark).	Limitado en IA, solo sirve para preparar o extraer datos de forma estructurada.	Ampliamente utilizado en IA, con librerías como TensorFlow, Scikit-learn y Keras.
CARACTERÍSTICAS	Robusto, orientado a objetos, muy usado en backend empresarial.	Sintaxis concisa, mezcla de funcional y orientado a objetos.	Declarativo, fácil de aprender, ideal para consultas de bases de datos.	Sencillo, muy legible, enorme comunidad y muchas librerías disponibles.
CURVA APRENDIZAJE	Media	Alta	Baja	Baja
USOS	Desarrollo de sistemas Hadoop, mantenimiento de plataformas distribuidas.	Análisis de datos con Spark, procesamiento en memoria de grandes volúmenes.	Extracción de datos, construcción de consultas, informes y agregaciones.	Análisis exploratorio, modelos predictivos, NLP, visualización de datos, automatización.
POPULARIDAD ACTUAL	Media	Media-Alta	Alta	Muy Alta

2.2 PROCESOS ETL (EXTRACCIÓN, TRANSFORMACIÓN Y CARGA): FLUME, SQOOP Y HIVE

Cuando se trabaja con grandes volúmenes de datos, no basta con tenerlos guardados. Es necesario moverlos desde donde se generan hasta donde se pueden analizar, y además adaptarlos al formato que necesita cada herramienta. Para eso existen los procesos ETL, cuyas siglas significan Extracción, Transformación y Carga. Son una parte básica de cualquier arquitectura de datos, ya que permiten llevar los datos desde una fuente (como una base de datos o una app) hasta un sistema donde puedan analizarse o almacenarse a gran escala.

El proceso empieza por la **extracción**, que consiste en recoger los datos desde su origen. Puede ser una base de datos tradicional, un archivo de logs o incluso una aplicación en la nube. Luego viene la **transformación**, donde los datos se limpian, se reorganizan o se convierten a un formato más útil. Aquí también se pueden aplicar reglas, cálculos o filtrados. Por último, se realiza la **carga**, que consiste en guardar esos datos transformados en un sistema final, como un clúster Hadoop, un *data lake* o una herramienta de análisis.

Dentro de este proceso general, existen herramientas específicas que se encargan de distintas partes. Una de ellas era **Flume**, que fue muy utilizada durante años para la recolección de datos no estructurados en tiempo real, como los registros de navegación web o los eventos generados por aplicaciones. Permitía transportar directamente esos datos hacia Hadoop de forma eficiente y con tolerancia a fallos. Sin embargo, el proyecto **Apache Flume se ha marcado como inactivo desde octubre de 2024**, y ya no se recomienda su uso en nuevos desarrollos. Por este motivo, se aconseja migrar a soluciones activas como **Apache NiFi** o **Kafka**, que ofrecen funcionalidades similares (y más modernas) para el procesamiento de flujos de datos en tiempo real.

Por otro lado, cuando se trata de mover datos que ya están organizados en bases de datos tradicionales, como MySQL o Oracle, la herramienta más utilizada sigue siendo **Sqoop**. Está pensada para migrar datos desde entornos relacionales hacia Hadoop, permitiendo integrarlos en sistemas de análisis más modernos. Esto es especialmente útil en empresas que llevan años trabajando con bases antiguas, pero que ahora quieren aprovechar las ventajas del Big Data sin perder todo lo que ya tienen acumulado.

Una vez que los datos han llegado a Hadoop, es necesario poder consultarlos de forma ágil, especialmente si están en grandes cantidades. Para eso existe **Hive**, una herramienta que permite hacer consultas sobre datos almacenados en Hadoop usando un lenguaje muy parecido al SQL. Esto es una ventaja enorme para los analistas o desarrolladores que ya conocen SQL, porque pueden trabajar con Big Data sin necesidad de aprender un lenguaje nuevo desde cero. Hive se encarga de traducir esas consultas a tareas que Hadoop puede ejecutar por debajo, como si fueran procesos MapReduce.

Para ver cómo encajan estas herramientas juntas, imagina un ejemplo concreto: una empresa tiene una base de datos relacional con información de sus clientes y quiere analizar esos datos junto con los registros de navegación de su web. Con **Sqoop** puede extraer la base de datos relacional y cargarla en Hadoop. Al mismo tiempo, con una herramienta moderna como **Apache NiFi** o **Kafka**, puede recoger en tiempo real los logs de navegación y guardarlos también en Hadoop. Después, con **Hive**, los analistas pueden cruzar esos datos y hacer consultas como:

"¿Qué clientes compran más después de ver cierto tipo de contenido en la web?"

Este tipo de flujo de trabajo, que combina extracción desde sistemas antiguos, captura de datos en tiempo real y análisis con herramientas familiares, es muy común en entornos Big Data. Permite modernizar el uso de la información sin romper con lo que ya funciona, y ayuda a tomar decisiones basadas en datos actualizados, completos y bien organizados.

ⓘ **Nota**

Hoy en día, herramientas como Apache Kafka, Apache NiFi y Debezium están reemplazando a soluciones retiradas como Apache Flume y Sqoop, ofreciendo mejores prestaciones, mayor flexibilidad y mejor integración con arquitecturas en tiempo real.

- Apache Kafka es un sistema distribuido de mensajería pensado para el tratamiento de datos en tiempo real. Es especialmente útil para la ingesta continua de eventos o registros de actividad.

- Apache NiFi permite diseñar flujos de datos complejos con una interfaz visual, y es muy potente para extraer y transformar datos desde diversas fuentes.

- Debezium, basado en Kafka, permite capturar cambios en tiempo real de bases de datos relacionales (Change Data Capture o CDC), lo que lo convierte en una excelente alternativa moderna a Sqoop.

- Apache Hive, por su parte, sigue siendo una herramienta muy usada para consultar datos almacenados en Hadoop usando un lenguaje similar a SQL, facilitando el análisis masivo de datos a usuarios sin conocimientos técnicos avanzados.

Ejemplo

La empresa española Trixal, dedicada a la venta online de productos electrónicos, quiere personalizar sus campañas de marketing utilizando tanto los datos históricos de sus clientes como su comportamiento actual en la web. Tiene una base de datos PostgreSQL con información de más de 300.000 clientes, y su sitio web genera alrededor de 1,2 millones de eventos diarios, incluyendo clics, búsquedas y navegación por productos.

Extracción de datos

Para capturar los cambios que ocurren en tiempo real en la base de datos de clientes (como nuevas compras o cambios en las preferencias), Trixal utiliza Debezium. Esta herramienta detecta automáticamente cualquier inserción, actualización o eliminación en PostgreSQL, y lo convierte en eventos de Kafka que pueden procesarse al instante.

En paralelo, todos los clics, visitas y búsquedas de los usuarios en la web se envían a Kafka como eventos JSON, en un tópico llamado "eventos_web".

Transformación de datos

Con Apache NiFi, Trixal diseña flujos para enriquecer y transformar los datos: normaliza los formatos, filtra registros irrelevantes y agrupa eventos por sesión de usuario. Por ejemplo, un flujo puede detectar si un mismo usuario ha consultado tres veces el mismo producto en menos de una hora, y marcarlo como "interesado".

Carga de datos

Los datos procesados se almacenan en HDFS, el sistema de archivos distribuido de Hadoop, en formatos como Parquet o Avro. También se cargan en un Data Lake alojado en la nube, donde están disponibles para analistas y herramientas de **visualización.**

Consulta y análisis

Los analistas de Trixal utilizan Hive para lanzar consultas que cruzan los eventos de navegación con los datos de cliente. Por ejemplo:

```
SELECT c.cliente_id, COUNT(*) AS visitas_xiaomi, AVG(e.duracion) AS tiempo_medio
FROM clientes c
JOIN eventos_web e ON c.cliente_id = e.cliente_id
WHERE e.producto LIKE '%xiaomi%' AND e.dispositivo = 'móvil'
GROUP BY c.cliente_id
HAVING COUNT(*) > 3;
```

Este tipo de análisis permite a Trixal lanzar campañas específicas, como enviar descuentos personalizados a usuarios que han mostrado un interés claro en móviles Xiaomi desde su smartphone.

Gracias a este flujo moderno de ETL, basado en herramientas actuales y mantenidas, Trixal ha reducido el tiempo entre el registro de datos y su análisis de 3 días a menos de 30 minutos. Durante campañas como el Black Friday, ha conseguido aumentar su conversión en un 12,4% gracias al análisis en tiempo real y a las recomendaciones personalizadas.

2.3 PROCESOS REAL TIME Y BASES DE DATOS DE ALTA DISPONIBILIDAD: KAFKA, HBASE Y REDIS

Como ya sabemos, el **procesamiento en tiempo real** se ha vuelto una pieza fundamental en muchos sistemas actuales. Hablamos de tiempo real cuando los datos se analizan en el mismo momento en que se generan. Ya no se trata de esperar a que los datos se almacenen y luego se procesen en bloque, como se hacía antes. Ahora lo importante es **actuar mientras los eventos están ocurriendo**. Esto permite, por ejemplo, enviar una alerta de fraude cuando alguien intenta usar una tarjeta en condiciones sospechosas, o mostrar una recomendación personalizada en una app justo cuando el usuario está navegando. También es muy útil en entornos con sensores, como fábricas, hospitales o ciudades inteligentes, donde se necesita actuar al instante si cambia algo en el entorno.

Para que todo esto sea posible, existen tecnologías diseñadas específicamente para gestionar flujos de datos que llegan sin parar. Una de las más destacadas es **Apache Kafka**, una plataforma de mensajería distribuida. Kafka funciona como una especie de "correo exprés de datos", que permite **enviar y recibir mensajes de forma rápida, segura y continua** entre diferentes sistemas. Es ideal para escenarios en los que los datos fluyen constantemente, como en una página web con miles de usuarios activos al mismo tiempo. Cada vez que un usuario hace clic, ve un producto o añade algo al carrito, ese evento se envía mediante Kafka a otros sistemas que lo procesan en tiempo real.

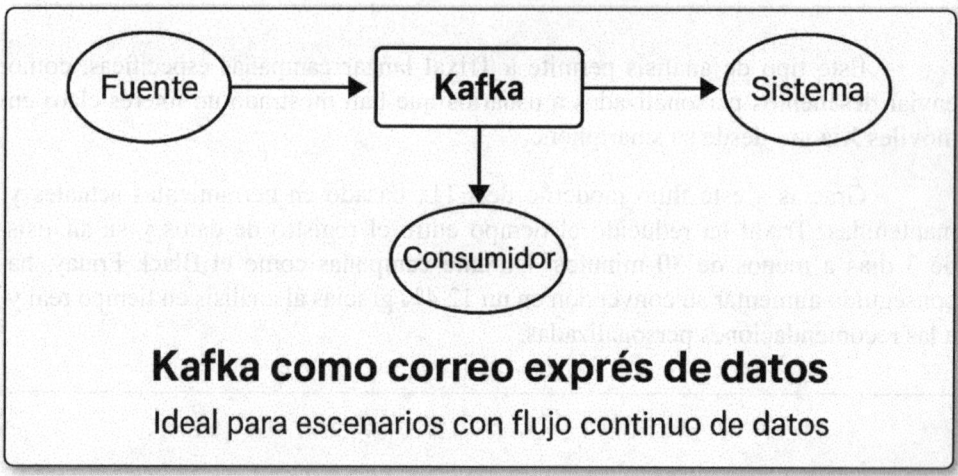

Kafka como correo exprés de datos
Ideal para escenarios con flujo continuo de datos

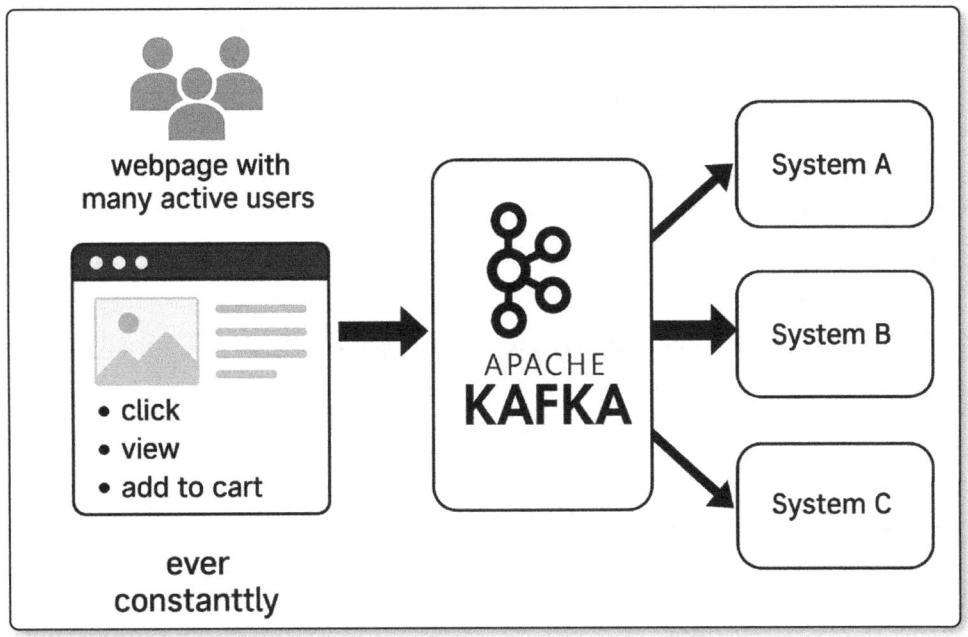

*A la izquierda de la imagen se muestra una página web con muchos usuarios activos que realizan acciones como hacer clic, ver productos o añadirlos al carrito. Cada una de estas acciones genera un evento, que se envía automáticamente a Kafka, situado en el centro del esquema. Kafka actúa como un intermediario que recibe esos datos de forma continua y los distribuye simultáneamente a diferentes sistemas (A, B y C) que pueden analizarlos, almacenarlos o utilizarlos para tomar decisiones en tiempo real. Es ideal para gestionar flujos de datos constantes de forma rápida, segura y escalable.

Saber más...

¿Qué es Apache Kafka y para qué sirve?

Apache Kafka es una plataforma distribuida de mensajería en tiempo real que permite transmitir, almacenar y procesar grandes volúmenes de datos de forma rápida, fiable y escalable. En otras palabras, sirve para que las aplicaciones se comuniquen entre sí mediante flujos de datos continuos, como si fuera un sistema de correos ultrarrápido para datos.

Fue creado por ingenieros de LinkedIn en 2010 para gestionar el gran volumen de datos internos de la red social, y se liberó como proyecto de código abierto bajo la fundación Apache. Desde entonces, ha evolucionado hasta convertirse en un estándar en el mundo del Big Data.

Breve historia de Apache Kafka

2010
Creado por LinkedIn

2011
Donado a Apache Software Foundation

2014
Nace **Confluent**, la empresa detrás de Kafka

2022
Kafka lanza el modo sin Zookeeper

Hoy
Se usa en miles de empresas (Airbnb, Uber, Twitter, CaixaBank, BBVA...)

¿Cómo funciona Kafka? (con un ejemplo fácil)

Imagina una empresa que tiene:

▶ Un sistema de compras online

▶ Un almacén con sensores de stock

▶ Un servicio de notificaciones por correo

▶ Un panel de estadísticas para analizar ventas

Todos esos sistemas necesitan compartir información en tiempo real. Kafka actúa como un "intermediario" (o "broker") entre ellos:

Los productores (como el sistema de compras) envían eventos a Kafka: "¡Alguien compró un producto!"

Kafka recibe ese evento y lo guarda en un tópico (es como una categoría o canal de mensajes).

Los consumidores (como el sistema de stock o el panel de estadísticas) se suscriben a ese tópico y reciben los eventos.

Así, todos están sincronizados en tiempo real y cada uno usa esa información como le interesa.

Componentes clave de Kafka:

Componente	Qué hace	Ejemplo
Producer	Envía datos a Kafka	Una web de e-commerce que envía eventos de compra
Broker	Nodo que recibe y distribuye datos	Un servidor de Kafka que guarda los eventos
Topic	Canal donde se agrupan los mensajes	compras-realizadas o avisos-stock
Consumer	Lee los datos de Kafka	Un sistema de alertas o informes
Zookeeper	Coordina los brokers (en versiones antiguas)	Asegura que el sistema esté sincronizado

Dato curioso: Kafka ahora también puede funcionar sin Zookeeper gracias a su modo "KRaft".

¿Por qué Kafka es tan potente e interesante?

▸ Alto rendimiento: puede manejar millones de eventos por segundo sin problemas.

▸ Escalable horizontalmente: puedes añadir más servidores fácilmente.

▸ Durabilidad: los datos no se pierden; Kafka los guarda en disco.

▸ Procesamiento en tiempo real: perfecto para alertas, IoT, análisis, etc.

▸ Compatible con IA y Big Data: Kafka suele ser el primer paso en un pipeline de datos, alimentando sistemas como Spark, Flink, TensorFlow o bases de datos como Cassandra y Elasticsearch.

Usos reales en IA y Big Data:

▸ Monitorización de infraestructuras: Netflix usa Kafka para detectar errores y anomalías en tiempo real.

▸ Vehículos conectados: Audi lo usa para analizar datos de coches en movimiento.

▸ Predicciones en salud: hospitales lo integran para procesar datos de pacientes y alimentar modelos predictivos.

▸ Banca y fraudes: detecta operaciones sospechosas al instante.

Una vez que los datos llegan, es necesario guardarlos de forma que se puedan consultar rápido y sin complicaciones. Aquí entra en juego **HBase**, una base de datos NoSQL orientada a columnas. Está pensada para trabajar con grandes volúmenes de datos no estructurados, como registros de actividad o textos libres, y permite hacer **consultas muy rápidas sobre información puntual**. Su diseño distribuido permite que escale fácilmente y que se adapte a entornos donde los datos crecen sin parar.

Por otra parte, cuando se necesitan respuestas inmediatas —por ejemplo, mostrar una recomendación mientras el usuario aún está en la página—, se necesita algo aún más rápido que una base de datos convencional. Aquí aparece **Redis**, una base de datos que trabaja directamente en memoria. Esto le da una **velocidad altísima**, perfecta para almacenar datos temporales como las sesiones de usuario, los rankings que se actualizan al instante o las listas de productos vistos recientemente. Redis es muy ligera y eficiente, y se usa mucho como sistema de apoyo para responder rápido en aplicaciones en vivo.

Breve historia de Redis

2009	Creado por Salvatore Sanfilippo (antirez) como un proyecto personal en Italia.
2010	Redis se convierte en un proyecto oficial de código abierto bajo BSD.
2013	Se lanza Redis 2.6 con mejoras en rendimiento y scripting con Lua.
2015	Lanzamiento de Redis 3.0 con clústeres nativos y alta disponibilidad.
2020	Redis Labs asume oficialmente el liderazgo del proyecto.
Hoy	Redis es ampliamente usado por empresas como Twitter, GitHub, StackOverflow y Twitch.

Un buen ejemplo de cómo trabajan juntas estas tecnologías lo vemos en **una tienda online con sistema de recomendaciones**. Imagina que un usuario entra a la web y empieza a ver productos. Cada clic o acción que realiza genera un evento, que se envía a través de **Kafka**. Esa información se usa para actualizar **Redis**, que mantiene en memoria qué está haciendo ese usuario en tiempo real. A la vez, la tienda puede consultar en **HBase** el historial de navegación o compras de ese usuario, para afinar las recomendaciones. Todo esto ocurre en segundos, sin que el usuario lo perciba, pero con un impacto directo en su experiencia de compra.

Este tipo de arquitecturas permiten que los sistemas reaccionen de forma inteligente y rápida, ajustando el contenido, las ofertas o incluso el diseño de la página según lo que está pasando en ese mismo instante. Es una forma de aprovechar el Big Data en acción, no como algo que se analiza después, sino como un motor que da valor al momento presente.

2.4 PROCESAMIENTO Y ANALÍTICA AVANZADA CON SPARK

Apache Spark es un framework de análisis de datos que ha ganado mucha popularidad por su **velocidad y versatilidad**. A diferencia de otros sistemas que trabajan leyendo y escribiendo datos constantemente en disco, Spark **procesa los datos directamente en memoria**. Esto lo hace especialmente rápido, lo que es muy útil cuando se manejan volúmenes grandes de información o cuando se necesitan resultados casi al instante. Nació como una alternativa moderna al modelo MapReduce de Hadoop, que, aunque era eficaz, resultaba más lento en tareas complejas o repetitivas.

Una de las principales ventajas de Spark es su **flexibilidad**. Se adapta muy bien a distintos tipos de procesos: desde análisis por lotes (batch), donde se procesan grandes cantidades de datos acumulados, hasta tareas en tiempo real, donde se analiza lo que está ocurriendo en el momento. Además, se integra sin problemas con otras herramientas del ecosistema Big Data, lo que permite crear soluciones a medida según las necesidades del proyecto.

Línea de tiempo de Apache Spark

2009
Comienza como proyecto en el AMPLab de la Universidad de Berkeley.

2010
Se lanza el primer prototipo funcional.

2013
Donado a la Apache Software Foundation.

2014
Lanzamiento de Apache Spark 1.0.

2016
Se publica Apache Spark 2.0 con mejoras de rendimiento y API estructurada.

2020
Lanzamiento de Apache Spark 3.0 con soporte ampliado para Python, SQL y GPU.

Hoy
Es ampliamente utilizado en proyectos de Big Data, Inteligencia Artificial y Machine Learning a nivel mundial.

Spark está dividido en varios **componentes especializados**, cada uno orientado a un tipo de tarea concreta. Por ejemplo, **Spark SQL** permite hacer consultas con un lenguaje similar al SQL tradicional, ideal para quienes ya tienen experiencia en bases de datos. **MLlib** es la librería de machine learning del framework, con la que se pueden construir modelos predictivos, clasificadores, árboles de decisión, entre otros. Para el procesamiento en tiempo real está **Spark Streaming**, que permite trabajar con flujos de datos en directo. Y si se quiere trabajar con datos complejos relacionados entre sí, como redes sociales o conexiones entre dispositivos, se puede usar **GraphX**, el módulo orientado al análisis de grafos.

Otra ventaja importante es que Spark es compatible con varios lenguajes de programación. Se puede usar con **Python (a través de PySpark)**, **Scala** (el lenguaje en el que está desarrollado), **Java**, e incluso **R**, lo que facilita que distintos perfiles profesionales puedan trabajar con él, desde ingenieros hasta analistas de datos.

Los usos de Spark son muy variados. Es frecuente verlo en **análisis predictivo**, como cuando una empresa quiere anticipar cuántos productos se venderán la próxima semana o prever cuándo puede fallar una máquina. También se utiliza para **modelos de clasificación**, por ejemplo, para detectar correos sospechosos o categorizar opiniones en redes sociales. Otra aplicación muy común es el análisis de **series temporales**, que ayuda a detectar patrones que cambian a lo largo del tiempo, como el comportamiento de los usuarios durante el día o la evolución de precios.

A continuación, se expone una **tabla explicativa de Apache Spark** organizada por aspectos clave como descarga, uso, interfaz, componentes, lenguajes, casos de aplicación, etc. para que se entienda fácilmente cómo se trabaja con este framework:

¿Qué es?	Framework de procesamiento distribuido para grandes volúmenes de datos. Permite realizar análisis complejos de forma rápida gracias a su ejecución en memoria.
Arquitectura básica	Se compone de un driver (programa principal que coordina el trabajo) y múltiples workers (nodos que ejecutan tareas). Usa un DAG (grafo acíclico dirigido) para planificar tareas.
Descarga e instalación	Desde https://spark.apache.org/downloads.html. Requiere Java instalado. Se configura añadiendo variables como SPARK_HOME y añadiendo Spark al PATH. Puede integrarse con Hadoop o ejecutarse de forma independiente.
Uso básico	Consola interactiva con spark-shell (Scala) o pyspark (Python). Scripts lanzados con spark-submit. Integración con notebooks como Jupyter usando PySpark.

Interfaz de usuario (UI)	Interfaz web por defecto en http://localhost:4040. Muestra DAGs, tareas activas, almacenamiento en caché, estadísticas de ejecución, uso de recursos, etc.
Lenguajes compatibles	Python (PySpark), Scala, Java y R. Ideal para equipos multidisciplinares. Python es el más popular por su simplicidad y soporte en ciencia de datos.
Componentes principales	Spark SQL, MLlib, Spark Streaming, GraphX, Structured Streaming. Cada módulo está orientado a tareas específicas como SQL, machine learning, flujos en tiempo real o análisis de grafos.
Tipos de procesamiento	Batch (por lotes) y Streaming (en tiempo real). Adaptable a distintos flujos de trabajo según el tipo de datos.
Sistemas de almacenamiento	Compatible con HDFS, Amazon S3, Google Cloud Storage, Azure Blob, Cassandra, HBase, Hive, y sistemas de archivos locales.
Integraciones comunes	Kafka, Hive, Cassandra, JDBC, Hadoop, Delta Lake. Se conecta fácilmente con otras tecnologías del ecosistema Big Data.
Casos de uso comunes	Análisis predictivo, modelos de clasificación, motores de recomendación, análisis de logs, procesamiento financiero en tiempo real.
Ventaja competitiva	Procesamiento en memoria (RAM), más rápido que MapReduce. Compatible con múltiples fuentes de datos y lenguajes. Gran comunidad y soporte. Escalable horizontalmente.
Modo de ejecución	Local, Cluster (YARN, Mesos, Kubernetes), y en la nube (AWS, GCP, Azure).
Gestores de recursos	Compatible con YARN, Mesos y Kubernetes. Permite gestionar recursos eficientemente en grandes clústeres.
Rendimiento	Hasta 100 veces más rápido que Hadoop MapReduce en ciertas tareas complejas (cuando se usa almacenamiento en caché en memoria).
Modo interactivo	Permite usar pyspark o spark-shell para escribir código línea a línea y ver los resultados al instante, ideal para exploración de datos.
Tipo de licencia	Licencia Apache 2.0: software libre, se puede usar, modificar y distribuir sin restricciones comerciales.

2.5 SEGURIDAD Y GOBIERNO DEL DATO

Cuando hablamos de **Big Data**, una de las prioridades que no se pueden dejar de lado es la **seguridad de los datos**. En un entorno donde se manejan millones de registros y donde los datos pueden venir de muchas fuentes distintas, protegerlos se vuelve una tarea clave. La seguridad no se limita a evitar que alguien los robe, también implica controlar **quién accede a qué, cuándo y para qué**. Por eso, es fundamental tener sistemas de **autenticación**, donde cada persona se identifique con sus credenciales, y establecer **roles o permisos**, para que no todo el mundo tenga acceso a toda la información.

Además del control de usuarios, es muy importante **encriptar los datos**, tanto cuando se están almacenando como cuando se están moviendo por la red. Esto hace que, aunque alguien intercepte los archivos, no pueda leerlos sin la clave adecuada. También conviene tener habilitados sistemas de **auditoría**, que registran qué usuarios acceden a qué datos y en qué momento. Así se pueden detectar patrones raros o accesos fuera de lo normal, lo que ayuda a **identificar posibles amenazas o errores humanos antes de que se conviertan en un problema**.

Otra parte fundamental de trabajar con datos a gran escala es el llamado **gobierno del dato**. Esto se refiere al conjunto de **reglas, procesos y políticas que garantizan que los datos sean fiables, estén bien organizados y se utilicen correctamente**. Entre otras cosas, el gobierno del dato define cómo se asegura la **calidad** de la información (por ejemplo, evitando duplicados o registros incompletos), cómo se mantiene su **integridad** (que no se pierdan o modifiquen sin control), y cómo se **traza su origen y evolución** a lo largo del tiempo. También es donde se decide quién tiene derecho a ver o modificar cada parte del sistema.

Hoy en día, **el cumplimiento legal** es un tema que no se puede ignorar. En Europa, por ejemplo, el **Reglamento General de Protección de Datos (RGPD)** obliga a las empresas a proteger la información personal de los usuarios y a actuar con transparencia. Esto incluye desde obtener el consentimiento antes de recopilar los datos, hasta permitir que cualquier persona pueda pedir que se borren sus datos del sistema. No cumplir con estas normas puede acarrear sanciones importantes, además de un daño serio a la reputación de la organización.

Saber más...

El Reglamento General de Protección de Datos (RGPD), oficialmente el Reglamento (UE) 2016/679, establece el marco jurídico para la protección de los datos personales de las personas físicas en la Unión Europea:

1. Ámbito de aplicación

   - Aplica a toda organización que procese datos personales de personas en la UE, sin importar si la empresa está o no en la UE.

   - También se aplica si se observan comportamientos o se ofrecen bienes/ servicios a personas en la UE.

2. Principios del tratamiento de datos

- Los datos personales deben ser:

  - Tratados de forma lícita, leal y transparente.
  - Recogidos con fines determinados, explícitos y legítimos.
  - Adecuados, pertinentes y limitados a lo necesario.
  - Exactos y actualizados.
  - Conservados solo el tiempo necesario.
  - Tratados de forma segura, protegiendo su integridad y confidencialidad.

3. Derechos de los interesados

- El RGPD otorga a las personas varios derechos:

  - Derecho de acceso: saber qué datos se tienen sobre él o ella.
  - Derecho de rectificación: corregir errores o imprecisiones.
  - Derecho de supresión ("derecho al olvido").
  - Derecho a la limitación del tratamiento.
  - Derecho a la portabilidad de los datos.
  - Derecho de oposición al tratamiento.
  - Derecho a no ser objeto de decisiones automatizadas sin intervención humana significativa.

4. Consentimiento

- Debe ser libre, informado, específico e inequívoco.

- No se aceptan casillas premarcadas ni silencio como prueba de consentimiento.

- Puede retirarse en cualquier momento con la misma facilidad con la que se otorgó.

5. Obligaciones del responsable y encargado del tratamiento

- Aplicar medidas técnicas y organizativas adecuadas para proteger los datos.

- Llevar un registro de actividades de tratamiento.

- Notificar violaciones de seguridad en un plazo máximo de 72 horas.

- Realizar evaluaciones de impacto cuando el tratamiento suponga un alto riesgo.

- Nombrar un Delegado de Protección de Datos (DPO) si se cumplen ciertos criterios (por ejemplo, tratamiento a gran escala o datos sensibles).

6. Transferencias internacionales de datos

   - Solo se permiten si el país receptor ofrece un nivel adecuado de protección.

   - Alternativas: cláusulas contractuales tipo, normas corporativas vinculantes, o excepciones específicas (por ejemplo, consentimiento explícito del interesado).

7. Datos sensibles

   - Se prohíbe su tratamiento salvo en situaciones concretas, como:
     - Consentimiento explícito.
     - Obligación legal.
     - Interés público relevante.
     - Finalidades médicas o científicas.
     - Ejemplos: datos de salud, religión, orientación sexual, opiniones políticas, etc.

8. Sanciones

   - Las multas pueden alcanzar hasta 20 millones de euros o el 4% de la facturación global anual, la que sea mayor.

Además del Reglamento General de Protección de Datos (RGPD), que es de aplicación directa en todos los países de la Unión Europea, en España también se aplica la **Ley Orgánica 3/2018, de Protección de Datos Personales y garantía de los derechos digitales (LOPDGDD)**. Esta ley adapta el RGPD al contexto español y añade algunas especificaciones propias, como la protección de los derechos digitales de los ciudadanos. Por ejemplo, regula el uso de datos en entornos laborales (como la videovigilancia o el control horario), el derecho a la desconexión digital fuera del horario laboral y el tratamiento de datos de menores en internet, fijando la edad mínima en 14 años.

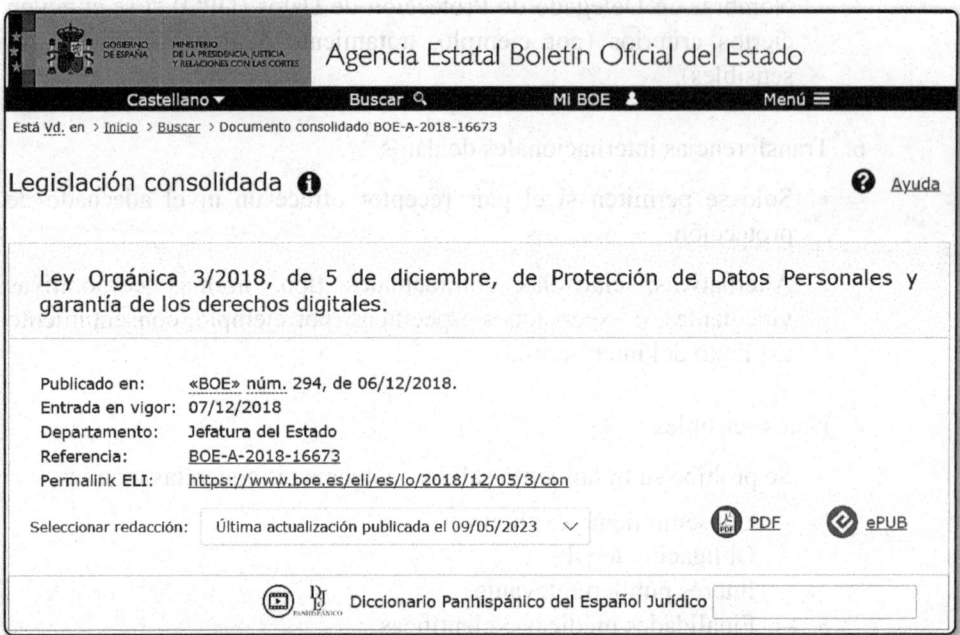

Otra norma importante en el ámbito de la ciberseguridad es el **Esquema Nacional de Seguridad (ENS)**, que no está centrado solo en protección de datos, pero sí en garantizar que los sistemas informáticos del sector público (y de empresas que trabajan con él) sean seguros y confiables. En entornos críticos, también pueden aplicarse leyes sectoriales, como la **Ley de Servicios de la Sociedad de la Información (LSSI)** o normativas europeas como la **Directiva NIS 2**, enfocada en la seguridad de redes y sistemas.

Ahora bien, cuando hablamos de **Big Data**, la protección de datos personales se vuelve aún más compleja. En este tipo de entornos, se manejan cantidades enormes de información, a veces de forma automatizada, en tiempo real y procedente de múltiples fuentes (webs, redes sociales, sensores, apps...). Esto puede suponer un riesgo si no se toman medidas adecuadas. Por ejemplo, es fácil pensar que un dato anonimizado está protegido, pero con técnicas de reidentificación (combinando varios datos) se podría volver a saber a quién pertenece. Por eso, es fundamental aplicar **medidas preventivas y de diseño**.

¿Qué pueden hacer entonces las organizaciones para proteger los datos personales en el contexto del Big Data?

En primer lugar, deben aplicar el principio de **"privacidad desde el diseño y por defecto"**. Esto significa que la protección de datos no puede añadirse al final del proyecto, sino que tiene que estar presente desde el principio, en cada fase del desarrollo. Si se va a crear una app o una plataforma de análisis, debe planificarse cómo se van a anonimizar los datos, cómo se va a controlar el acceso, y qué derechos van a poder ejercer los usuarios.

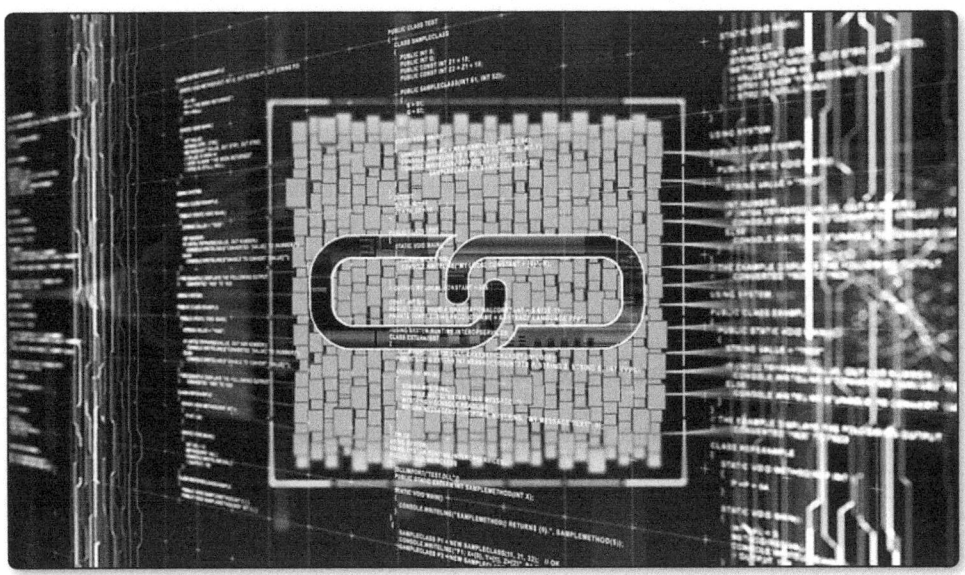

En segundo lugar, conviene usar **técnicas de anonimización o seudonimización**, que permiten trabajar con los datos sin tener acceso a la identidad directa de las personas. Aunque no son infalibles, reducen mucho el riesgo en caso de fuga de información. También es útil aplicar el principio de **minimización**, es decir, recoger solo los datos estrictamente necesarios para la finalidad del tratamiento.

Además, es importante que las organizaciones establezcan **políticas claras de acceso a los datos**, limitando quién puede ver qué, y que apliquen **cifrado**, tanto en tránsito como en almacenamiento. También deben establecer mecanismos de **registro de actividades**, para saber quién accede a qué y cuándo, y poder detectar comportamientos sospechosos.

Ejemplo

1. Políticas claras de acceso a los datos

Las organizaciones deben asegurarse de que no todo el mundo puede ver todo, sino solo aquello que necesita para hacer su trabajo.

▶ Ejemplo en un hospital:

En el sistema informático de un hospital, un celador no debería poder ver el historial clínico de un paciente, solo su nombre, número de habitación y planta. En cambio, un médico sí puede acceder al historial completo, pero solo de los pacientes que tiene asignados. Esto se gestiona con roles de usuario y permisos específicos configurados en el sistema.

▶ Ejemplo en una tienda online:

Un trabajador del servicio de atención al cliente de una empresa como Trixal puede ver los datos de contacto de un cliente y su historial de pedidos, pero no su número completo de tarjeta bancaria ni sus datos de facturación si no es necesario. Eso lo ve solo el departamento financiero.

2. Cifrado de los datos (en tránsito y en reposo)

El cifrado en tránsito protege los datos mientras se envían (por ejemplo, cuando un usuario hace login o paga en una web). El cifrado en reposo protege los datos que están guardados en servidores o bases de datos.

▶ Ejemplo en una universidad:

Cuando un estudiante entra en el campus virtual, sus credenciales viajan cifradas con HTTPS (SSL/TLS). Además, los trabajos que sube al servidor se guardan cifrados en la base de datos para que no puedan leerse fácilmente si alguien accede al servidor sin autorización.

▶ Ejemplo en una plataforma de análisis de Big Data:

Los logs de usuarios que se recogen mediante Kafka se cifran al almacenarse en HDFS o en la nube (por ejemplo, en Amazon S3). Se usan algoritmos como AES-256, y las claves se gestionan con herramientas como AWS KMS o HashiCorp Vault.

3. Registro de actividades (logs de auditoría)

Consiste en guardar una "huella digital" de todo lo que ocurre:

1. Quién accede a qué dato.

2. Desde dónde.

3. A qué hora y qué hace con él.

▶ Ejemplo en una administración pública:

En un ayuntamiento que gestiona solicitudes de ayudas sociales, el sistema registra cada vez que un trabajador social accede al expediente de una persona. Si alguien consulta un expediente sin tener permiso, se genera una alerta automática.

▶ Ejemplo en una empresa tecnológica:

Trixal almacena en un log cuándo sus empleados consultan, modifican o exportan bases de datos con datos personales. Estos logs están protegidos y no pueden manipularse. Además, se revisan periódicamente para detectar accesos sospechosos, como un acceso fuera del horario laboral o desde una IP desconocida.

Por otro lado, hay que tener en cuenta los **derechos de los usuarios**. Aunque estemos en un entorno Big Data, los ciudadanos siguen teniendo derecho a saber qué datos se están recogiendo sobre ellos, a corregir errores, a borrarlos o a oponerse a ciertos tratamientos, especialmente si se usan para crear perfiles automatizados o tomar decisiones que les afecten (como negar un préstamo o segmentarlos publicitariamente).

Por último, es esencial formar al personal. No sirve de nada tener sistemas seguros si los empleados no saben cómo manejar los datos con cuidado. La concienciación en protección de datos es tan importante como la tecnología en sí. Y, si se detecta una violación de seguridad, hay que actuar rápido:

- ▶ Notificarla a la Agencia Española de Protección de Datos (AEPD) en un plazo de 72 horas.

- ▶ Informar a los afectados si es necesario.

- ▶ Revisar qué ha fallado para que no vuelva a ocurrir.

Sabías que...

Desde distintas áreas del Gobierno se está valorando la opción de que el Instituto Nacional de Estadística (INE) evolucione hacia un nuevo rol como organismo líder en el uso avanzado de datos en España. Esta visión se alinea con el interés mostrado por la vicepresidenta de Asuntos Económicos, Nadia Calviño, por potenciar la gestión pública basada en datos.

El creciente protagonismo de la llamada economía del dato ha llevado al sector público a mirar hacia adentro y plantearse cómo aprovechar mejor la enorme cantidad de información que ya gestiona. Esto abre la puerta a que el INE, tradicionalmente enfocado a la estadística oficial, pueda convertirse en un pilar central dentro del ecosistema nacional de Big Data.

La propuesta, surgida de un equipo de expertos pertenecientes a varios ministerios, ya se ha elevado al Consejo Superior de Estadística, el órgano encargado de coordinar la política estadística del país.

Como referencia de esta tendencia, ya existen organismos públicos que han comenzado a aplicar técnicas de análisis masivo de datos para mejorar sus procesos. Es el caso de la Agencia Tributaria, que ha logrado resultados relevantes en la lucha contra el fraude fiscal gracias a sistemas capaces de procesar miles de millones de registros, como los empleados en la gestión del IVA mediante el Suministro Inmediato de Información. También la Agencia Estatal de Seguridad Aérea ha aplicado modelos predictivos basados en Big Data para diseñar medidas dentro de su plan de seguridad.

Por otro lado, el impulso hacia una administración más inteligente se refleja también en la creación de la Oficina del Dato, iniciativa que busca coordinar la estrategia nacional sobre el uso de la información, y garantizar un intercambio eficaz entre las administraciones, las empresas y la ciudadanía. Si bien este organismo será clave, el INE podría desempeñar una función complementaria de gran relevancia, al contar ya con experiencia y capacidad para tratar datos de gran volumen y complejidad, y al estar en una posición estratégica para impulsar el uso responsable y eficiente del Big Data en el sector público.

2.6 PRUEBA DE AUTOEVALUACIÓN DEL CAPÍTULO

1. **¿Qué característica define a un clúster Hadoop?**

   a) Solo funciona con bases de datos relacionales

   b) Usa un único servidor central

   c) Distribuye almacenamiento y procesamiento entre varios nodos

   d) Solo trabaja con archivos de texto

2. **¿Cuál es el objetivo principal de MapReduce?**

   a) Eliminar datos duplicados

   b) Ejecutar tareas administrativas

   c) Procesar grandes volúmenes de datos de forma distribuida

   d) Guardar datos estructurados

3. **¿Qué hace el sistema HDFS cuando un bloque de datos falla?**

   a) Mueve todos los datos a otro nodo

   b) Reinicia el clúster

   c) Recupera el bloque desde una copia almacenada

   d) Borra todos los archivos

4. ¿Qué ventaja tiene Spark frente a MapReduce?

a) Usa menos nodos

b) Procesa datos en memoria y es más rápido

c) Es compatible solo con Java

d) No necesita clúster para funcionar

5. ¿Qué papel tiene Kafka en una arquitectura Big Data?

a) Almacena datos históricos

b) Ejecuta algoritmos de aprendizaje automático

c) Actúa como sistema de mensajería distribuida en tiempo real

d) Limpia los datos antes del análisis

6. ¿Qué componente de Hadoop se encarga de dividir y repartir bloques?

a) NameNode

b) DataNode

c) ResourceManager

d) YARN

7. ¿Qué herramienta permite capturar eventos en tiempo real, como clics de usuario?

a) Sqoop

b) Hive

c) Flume

d) HBase

8. ¿Cuál es la unidad mínima de trabajo en MapReduce?

a) Archivo

b) Clave-valor

c) Nodo

d) Carpeta

9. ¿Qué hace Spark Streaming?

a) Crea dashboards interactivos

b) Permite trabajar con flujos de datos en tiempo real

c) Gestiona archivos PDF

d) Convierte texto en imágenes

10. ¿Qué formato de almacenamiento es más habitual en Hadoop?

a) CSV

b) TXT

c) ORC o Parquet

d) JSON puro

Respuestas correctas

1. c

2. c

3. c

4. b

5. c

6. a

7. c

8. b

9. b

10. c

3

COMPRENSIÓN DE LOS PRINCIPALES CONCEPTOS SOBRE LA CIENCIA DE DATOS E IA

Hoy en día, los datos no solo se almacenan: se analizan, se interpretan y, sobre todo, se utilizan para tomar decisiones inteligentes. Este tercer capítulo abre la puerta a la ciencia de datos y a la inteligencia artificial, mostrando cómo se conectan con el Big Data para obtener valor real a partir de grandes volúmenes de información.

Se explica qué son los algoritmos supervisados y no supervisados, cómo funciona el aprendizaje profundo (deep learning) y qué papel juega el procesamiento de textos e imágenes. También se presentan herramientas de visualización de datos que permiten comunicar resultados de forma comprensible y visual.

3.1 INTRODUCCIÓN A LA "CIENCIA DE DATOS" Y LA INTELIGENCIA ARTIFICIAL

La **ciencia de datos** es una disciplina que busca **extraer valor y conocimiento útil a partir de grandes cantidades de información**. No se trata solo de mirar números o hacer estadísticas, sino de combinar distintas técnicas —como el análisis de datos, la programación y el conocimiento del contexto— para obtener respuestas que ayuden a entender mejor lo que ocurre y a tomar decisiones más acertadas. En un mundo donde casi todo lo que hacemos genera datos (desde las compras que realizamos hasta lo que compartimos en redes sociales), tener personas y sistemas capaces de interpretar esa información se ha convertido en una necesidad en muchos sectores.

© RA-MA

Esta disciplina ha crecido mucho gracias al **Big Data**, ya que ahora disponemos de datos en cantidades enormes y de todo tipo: texto, imágenes, audios, señales de sensores, etc. Al haber tanta información disponible y tan variada, la ciencia de datos ha encontrado el escenario perfecto para desarrollarse. Cuanto más volumen y variedad hay, más herramientas hacen falta para ordenar, limpiar, analizar y visualizar esa información de forma útil.

Dentro de este contexto también aparece la **Inteligencia Artificial (IA)**, que es el conjunto de tecnologías capaces de realizar tareas que, hasta hace poco, estaban reservadas solo a las personas. Por ejemplo, entender un texto, reconocer una cara en una foto, o responder a una pregunta con sentido. En otras palabras, **la IA busca imitar la forma en que los humanos pensamos, decidimos o aprendemos**, aunque lo haga con otros métodos.

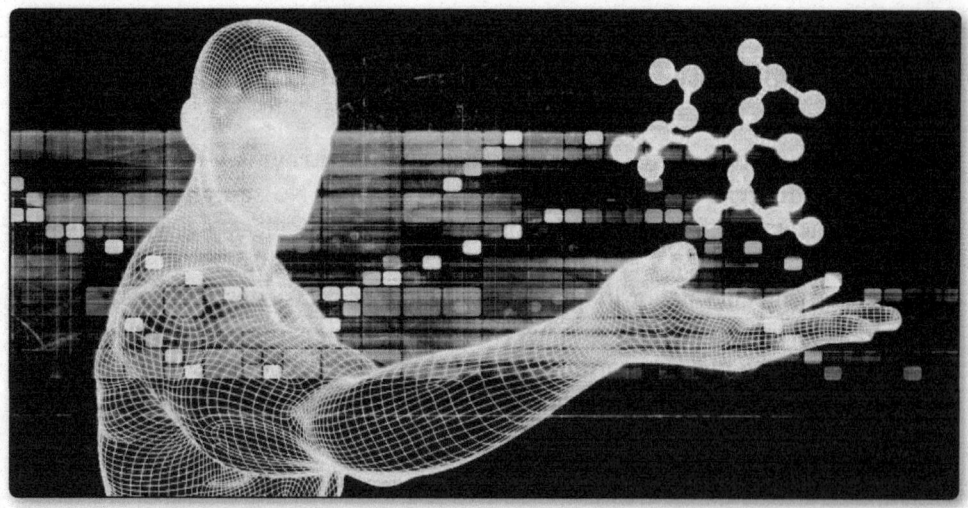

Es común escuchar términos como IA, **Machine Learning** y **Deep Learning**, y aunque están relacionados, no significan lo mismo. La IA es el campo más general, que abarca todo lo que tenga que ver con que una máquina se comporte de forma inteligente. Dentro de la IA está el **Machine Learning (aprendizaje automático)**, que es la parte que enseña a las máquinas a aprender a partir de los datos, sin necesidad de que se les programe cada detalle. Y dentro del Machine Learning está el **Deep Learning (aprendizaje profundo)**, que utiliza redes neuronales con muchas capas para resolver tareas aún más complejas, como traducir idiomas, generar imágenes o detectar emociones en una voz.

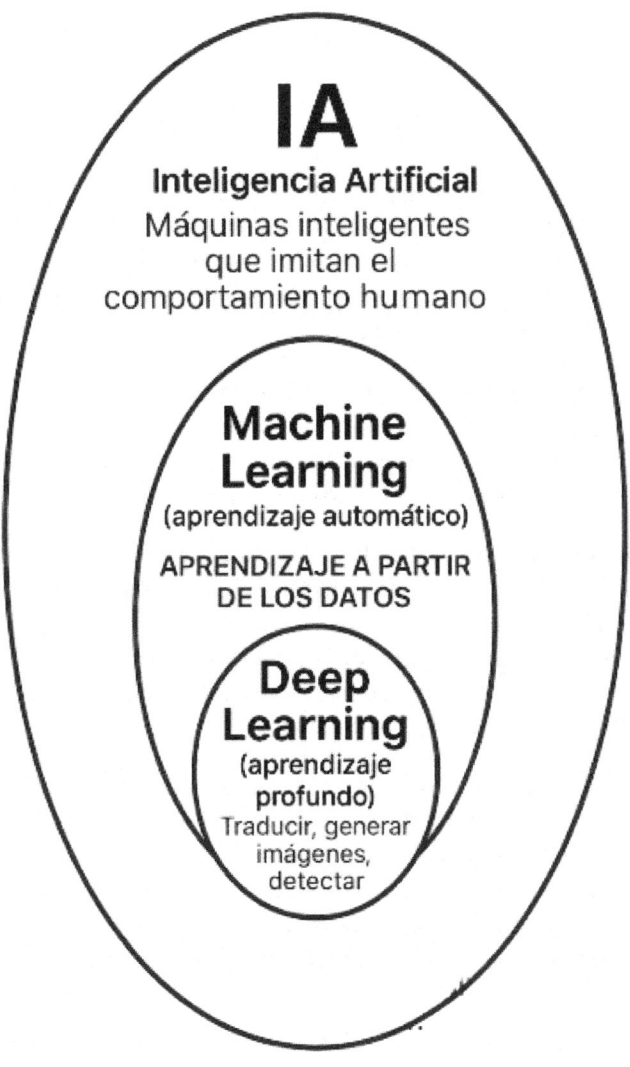

Hoy en día convivimos con la inteligencia artificial sin darnos cuenta. Por ejemplo, cuando pedimos algo a **un asistente virtual como Alexa o Siri**, estamos hablando con un sistema que entiende nuestra voz y responde usando modelos entrenados con miles de datos. Cuando **una plataforma como Netflix o Spotify nos sugiere una serie o canción**, lo hace analizando nuestro comportamiento y comparándolo con el de otros usuarios. O cuando **el correo electrónico detecta automáticamente un mensaje como spam**, también está aplicando IA, basada en patrones aprendidos de millones de correos anteriores.

Saber más

La Estrategia de Inteligencia Artificial aprobada por el Gobierno en 2024 señala que la implantación de esta tecnología en el tejido empresarial español ha crecido de forma considerable en los últimos dos años. Según los datos manejados por el Ministerio de Transformación Digital, un 11,8 % de las empresas con diez o más empleados ya estaban utilizando alguna solución de IA.

Sin embargo, estos datos también muestran una brecha tecnológica evidente en función del tamaño de las empresas. Así, mientras que el 41,2 % de las grandes empresas ya aplicaban la inteligencia artificial, el porcentaje bajaba al 20 % en las medianas, y apenas llegaba al 9,4 % en las pequeñas.

Las cifras publicadas por el Instituto Nacional de Estadística en el primer trimestre de 2024 coincidían bastante con las del ministerio, aunque permiten ir un paso más allá en el análisis. Por ejemplo, se observa que la presencia de la IA es más notable en el sector de las tecnologías de la información y la comunicación, donde el 45 % de las empresas la usan. En cambio, este porcentaje baja al 16 % en servicios, al 10 % en industria y al 4 % en construcción.

Entre las empresas que ya han incorporado soluciones de IA, casi la mitad (46 %) han optado por adquirir productos ya desarrollados y listos para su uso. Un 33 % prefirió contratar a proveedores externos para que les desarrollaran o personalizaran sistemas a medida. En cuanto a las funcionalidades concretas que emplean, destaca el análisis del lenguaje escrito (presente en el 45 %), la automatización de tareas y apoyo en decisiones (39 %) y la generación automática de texto o voz (38 %).

Respecto al grupo de empresas (7 %) que habían valorado usar IA pero no llegaron a implementarla, la mayoría (79 %) lo achacó a la falta de personal con conocimientos adecuados. Además, un 49 % expresó dudas sobre los posibles riesgos legales y un 48 % reconocía tener problemas con la calidad o disponibilidad de los datos necesarios.

En cuanto a los estudiantes, el informe *"Inteligencia artificial y empleabilidad del futuro"*, elaborado por GAD3 para Planeta Formación y Universidades, ofrece datos interesantes. Entre los 800 estudiantes universitarios de entre 18 y 35 años que participaron en el estudio, el 65 % declaró haber utilizado herramientas de inteligencia artificial como usuarios. Más de la mitad (53 %) decía entender cómo y en qué contextos podían usarse estas tecnologías, y un 28 % afirmaba saber desarrollarlas y aplicarlas.

Dentro del tipo de herramientas que más usaban destacaban las soluciones de IA generativa (78 %), las de creación y edición de contenidos (63 %), los sistemas de recomendación (31 %), los asistentes virtuales (22 %) y las plataformas con elementos de gamificación (11 %).

En general, el 67 % del alumnado en España se mostraba interesado en aprender más sobre inteligencia artificial. A pesar de este interés, el 72 % admitía no haber recibido formación específica en este campo. Además, cuando se les preguntó por el impacto de la IA en el mundo laboral, la opción más elegida (41 %) fue la preocupación por la posible eliminación de empleos en ciertos sectores. Para reducir este riesgo, un 43 % consideraba necesario establecer reglas claras que regulen el uso de la inteligencia artificial en el entorno profesional.

3.2 PRINCIPALES LENGUAJES DE PROGRAMACIÓN UTILIZADOS: R Y PYTHON

Python se ha convertido en uno de los lenguajes más utilizados en el mundo de la inteligencia artificial y la ciencia de datos, y buena parte de su éxito se debe a lo **fácil que es empezar a usarlo**. Su sintaxis es clara, directa y muy parecida al lenguaje natural, lo que hace que muchas personas sin experiencia en programación puedan aprenderlo en poco tiempo. Esto lo convierte en una herramienta muy accesible, tanto para perfiles técnicos como para quienes vienen de otras áreas, como la economía, la salud o la sociología.

Además de ser fácil de aprender, **Python destaca por su ecosistema de librerías**. Hay herramientas ya desarrolladas para casi cualquier cosa:

▸ **NumPy** y **Pandas** son perfectas para trabajar con datos numéricos y tablas.

▸ **Scikit-learn** permite aplicar modelos de machine learning de forma sencilla.

▸ **TensorFlow** y **Keras** se usan para construir redes neuronales y hacer deep learning.

▸ **Matplotlib** o **Seaborn** son excelentes para crear gráficos y visualizar datos. Esta variedad de librerías hace que Python se use en todo tipo de proyectos, desde análisis de mercado hasta visión por computador o chatbots.

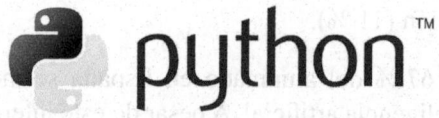

Por otro lado, **R** es un lenguaje que, aunque menos popular entre los programadores puros, **sigue siendo muy valorado en ámbitos donde se necesita un enfoque más estadístico**. Es especialmente fuerte en análisis exploratorio, pruebas estadísticas y visualización de datos. R se creó desde el principio con ese objetivo, y eso se nota: su entorno y sus paquetes están pensados para realizar cálculos complejos de forma cómoda, como regresiones, análisis multivariante o modelos de series temporales. **Ggplot2**, por ejemplo, es una de las librerías más potentes de visualización en este campo.

R es muy utilizado en el mundo académico, donde los estudios estadísticos son más habituales, y también en sectores como la sanidad, la economía o las finanzas, donde se manejan modelos matemáticos más tradicionales y se requiere precisión en el análisis estadístico clásico.

A la hora de elegir entre uno u otro, **la decisión depende del tipo de proyecto y del perfil del equipo**. Si se busca construir sistemas inteligentes, hacer análisis predictivos a gran escala o trabajar con grandes volúmenes de datos de distintas fuentes, **Python suele ser la mejor opción**. En cambio, si se va a trabajar con modelos estadísticos complejos, si se trata de proyectos de investigación o si ya se tiene experiencia con herramientas como SPSS o SAS, **R puede ofrecer ventajas más directas**.

En cuanto a ejemplos reales, Python está presente en aplicaciones de recomendación como las de YouTube o Amazon, en herramientas de análisis de texto como los filtros de contenido, o en modelos de predicción de riesgo en el ámbito bancario. R, por su parte, se utiliza en estudios epidemiológicos para analizar la evolución de enfermedades, en universidades para investigaciones sociales y en bancos para construir modelos de riesgo financiero.

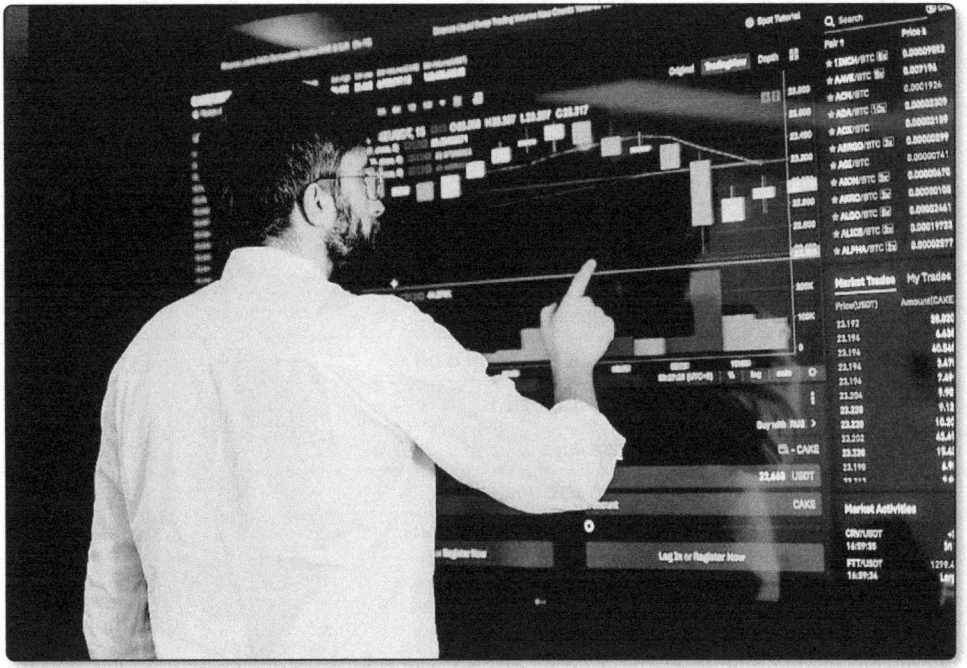

Ambos lenguajes son herramientas muy potentes, y conocerlos permite tener más flexibilidad a la hora de afrontar distintos tipos de proyectos. Lo más habitual en equipos multidisciplinares es que convivan, y que cada profesional escoja el lenguaje que mejor se adapte a lo que necesita hacer.

ⓘ Nota

Imagina que Big Data e Inteligencia Artificial (IA) son dos grandes mundos llenos de posibilidades, pero también muy complejos. Para poder movernos por esos mundos, necesitamos herramientas que nos ayuden a entender los datos, analizarlos, entrenar modelos y tomar decisiones. Y ahí es donde entran en juego Python y R, como si fueran dos superhéroes del análisis de datos.

Si estás metiéndote en el mundo del Big Data y la IA, Python es casi imprescindible por su versatilidad, escalabilidad y compatibilidad con sistemas modernos. Pero R sigue siendo muy valioso, sobre todo cuando necesitas un análisis estadístico profundo y una presentación elegante de resultados.

Situación	Lenguaje recomendado
Análisis de datos financieros en bolsa	Python
Visualización avanzada de datos epidemiológicos	R
Modelado predictivo para mantenimiento industrial	Python
Estudio estadístico de resultados académicos	R
Procesamiento de datos en tiempo real con sensores IoT	Python
Análisis de encuestas sociales	R
Desarrollo de dashboards interactivos empresariales	Python
Exploración de datos clínicos para ensayos médicos	R
Clasificación de correos electrónicos como spam o no	Python
Análisis de datos de experimentos psicológicos	R
Análisis de sentimiento en redes sociales	Python
Estudio de tendencias demográficas nacionales	R
Reconocimiento de imágenes para control de calidad	Python
Análisis multivariante de resultados de laboratorio	R
Automatización de informes de marketing	Python
Comparación de tratamientos médicos en estudios clínicos	R
Predicción de demanda energética	Python
Evaluación de políticas públicas usando datos censales	R
Modelos de recomendación en plataformas online	Python
Evaluación de rendimiento académico con modelos mixtos	R
Minería de textos legales	Python

Estudio de correlación entre factores ambientales	R
Procesamiento de logs en servidores web	Python
Análisis de datos experimentales en biología	R
Construcción de APIs de análisis de datos	Python
Evaluación de resultados en pruebas educativas estandarizadas	R
Segmentación de clientes en comercio electrónico	Python
Estadística descriptiva en estudios de salud pública	R
Implementación de modelos de deep learning	Python
Modelos de regresión lineal simple para publicaciones académicas	R

Ejemplo

Ejemplo en Python: predicción de abandono de clientes en una empresa de telefonía

Supón que trabajas en una empresa llamada Eledra Telcom y quieres predecir qué clientes podrían abandonar el servicio (churn). Tienes un montón de datos: edad, facturación mensual, quejas, duración del contrato, etc.

Objetivo:

Entrenar un modelo de IA que detecte patrones en los clientes que ya se han dado de baja y usarlo para anticiparse al abandono de nuevos clientes.

Paso a paso en Python (usando scikit-learn):

Python

```
import pandas as pd
from sklearn.model_selection import train_test_split
from sklearn.ensemble import RandomForestClassifier
from sklearn.metrics import classification_report
```

```
# 1. Cargar datos
df = pd.read_csv('clientes_telefonia.csv')

# 2. Preprocesamiento básico
df = df.dropna()  # Eliminar filas con valores nulos
df['Genero'] = df['Genero'].map({'Masculino': 0, 'Femenino': 1})  # Codificar
variables

# 3. Dividir variables
X = df.drop('Abandono', axis=1)  # Variables predictoras
y = df['Abandono']                # Variable objetivo

# 4. Dividir en entrenamiento y test
X_train, X_test, y_train, y_test = train_test_split(X, y, test_size=0.3, random_
state=42)

# 5. Entrenar modelo de IA
modelo = RandomForestClassifier(n_estimators=100, random_state=42)
modelo.fit(X_train, y_train)

# 6. Evaluar
y_pred = modelo.predict(X_test)
print(classification_report(y_test, y_pred))
```

¿Qué conseguimos con este código?

▶ Se analiza un dataset grande con miles de clientes (esto sería parte del Big Data si usáramos versiones distribuidas como Spark).

▶ Se entrena un modelo de IA que aprende a detectar quién se podría dar de baja.

▶ Luego se puede integrar ese modelo en la web de atención al cliente para que el sistema lance alertas preventivas.

Ahora un ejemplo en R: análisis estadístico con visualización.

Queremos entender cómo varía la facturación media por edad y género entre los clientes. Esto se usa como análisis exploratorio antes de construir un modelo.

Código en R:

R

```
# Cargar librerías
library(tidyverse)

# Leer datos
clientes <- read.csv("clientes_telefonia.csv")

# Agrupar y calcular media
resumen <- clientes %>%
  group_by(Edad, Genero) %>%
  summarise(FacturacionMedia = mean(Facturacion, na.rm = TRUE))

# Visualizar
ggplot(resumen, aes(x = Edad, y = FacturacionMedia, color = Genero)) +
  geom_line(size = 1.2) +
  labs(title = "Facturación media por edad y género",
       x = "Edad",
       y = "Facturación (€)")
```

¿Qué conseguimos con esto?

▶ Vemos de forma clara si hay patrones de consumo por grupo de edad o por género.

▶ Podemos detectar si hay perfiles más rentables o en riesgo de abandono.

▶ Esto puede alimentar una estrategia de segmentación de clientes o personalización de ofertas.

3.3 ALGORITMOS SUPERVISADOS: ¿QUÉ SON? ALGUNOS EJEMPLOS

El **aprendizaje supervisado** es una de las formas más comunes de entrenar a un sistema de inteligencia artificial. La idea es bastante sencilla: el modelo aprende a partir de ejemplos que ya tienen la respuesta correcta. Es como si le enseñaras a alguien a reconocer frutas mostrándole muchas fotos de manzanas y plátanos, cada una con su etiqueta correspondiente. Con el tiempo, esa persona (o en este caso, el algoritmo) aprende a distinguirlas por sí misma, incluso cuando aparecen en imágenes nuevas.

Aprendizaje supervisado

conjunto de datos etiquetado   nueva entrada

manzana
plátano

manzana

Clasificación
- filtrado de correos no deseados

Regresión
- predicción del precio de una vivienda

* Esta imagen representa de forma clara y sencilla cómo funciona el aprendizaje supervisado. En la parte central se muestra un modelo de inteligencia artificial que aprende a partir de un conjunto de datos etiquetado, es decir, ejemplos que ya vienen con su respuesta correcta. En este caso, se le muestran frutas como manzanas y plátanos, cada una identificada con su nombre. El modelo analiza esas etiquetas y extrae patrones. Después, cuando se le presenta una nueva entrada (una imagen sin etiqueta), es capaz de predecir la categoría correcta, como decir que se trata de una manzana. Debajo se muestran dos tipos principales de tareas supervisadas: la clasificación, como el filtrado de correos no deseados (spam), y la regresión, como la predicción del precio de una vivienda.

Este tipo de aprendizaje se basa en un **conjunto de datos etiquetado**, es decir, con información clara sobre qué representa cada caso. Por ejemplo, si queremos que un modelo detecte correos spam, se le entrena con muchos correos ya clasificados como "spam" o "no spam". Durante este proceso, el sistema va encontrando patrones comunes en los correos de cada tipo: palabras, estructuras, remitentes... Con esos patrones aprende a **generalizar**, de forma que cuando se le presenta un correo nuevo, pueda decidir con bastante acierto si es basura o no, incluso aunque nunca lo haya visto antes.

Las **aplicaciones prácticas del aprendizaje supervisado** son muchísimas. Una de las más conocidas es la **clasificación**, que consiste en asignar una categoría a cada caso. Esto se usa en cosas como el filtrado de correos no deseados, los diagnósticos médicos basados en síntomas o imágenes, o incluso en redes sociales, para decidir si un contenido debe ser moderado. Otra aplicación muy extendida es la **regresión**, que sirve para predecir un valor numérico. Por ejemplo, cuánto costará un piso según su ubicación y características, o cuánta energía se consumirá en una fábrica en las próximas semanas.

Dentro del aprendizaje supervisado hay **varios algoritmos muy conocidos**, cada uno con sus ventajas según el tipo de datos. La **regresión lineal**, por ejemplo, es muy útil cuando se quiere predecir una variable continua y se busca una relación directa entre variables. La **regresión logística** se utiliza más cuando la respuesta es binaria, como "sí" o "no", "positivo" o "negativo". Los **árboles de decisión** funcionan como un juego de preguntas que se van ramificando según las respuestas, y son muy fáciles de interpretar. Y las **máquinas de soporte vectorial (SVM)** son capaces de trazar una línea (o superficie) que separe grupos de datos de forma muy precisa, especialmente útil en casos complejos.

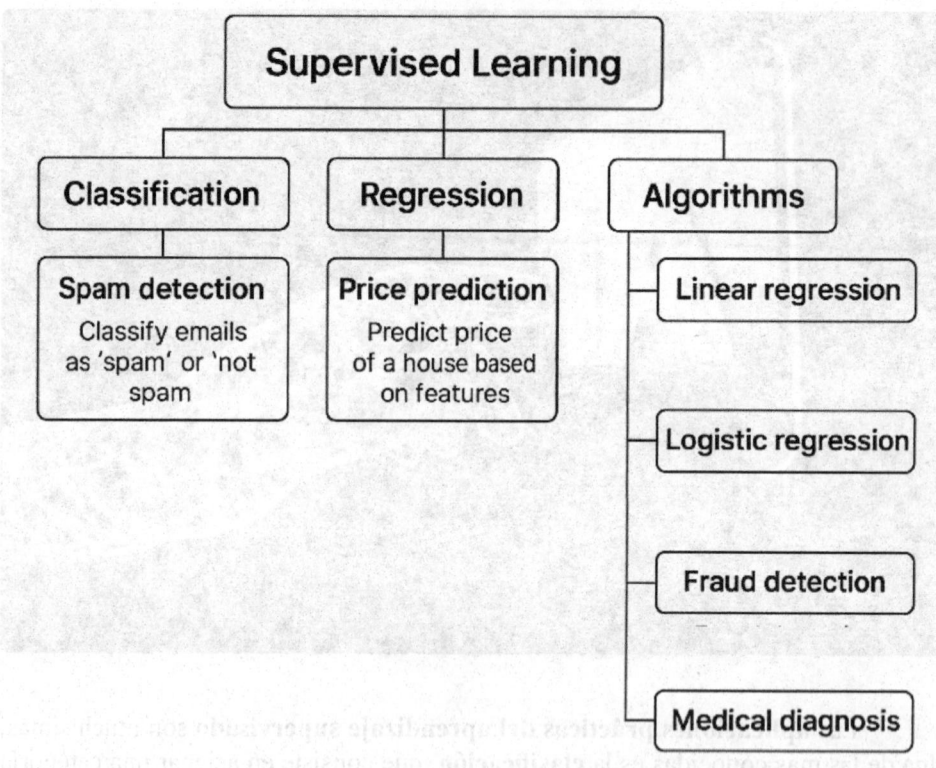

Esta imagen representa de forma esquemática el concepto de aprendizaje supervisado (Supervised Learning), que se divide en tres grandes bloques: clasificación, regresión y algoritmos. En el apartado de clasificación, se pone como ejemplo la detección de correos no deseados (spam detection), donde el sistema aprende a clasificar los correos como "spam" o "no spam". En regresión, se muestra cómo se puede predecir el precio de una vivienda (price prediction) basándose en sus características. Finalmente, en la columna de algoritmos, se mencionan algunos de los más usados: la regresión lineal para prever ventas (sales forecasting), la regresión logística para saber si un cliente se dará de baja (customer retention), la detección de fraudes (fraud detection) para clasificar transacciones como fraudulentas o no, y el diagnóstico médico (medical diagnosis), donde el sistema ayuda a predecir enfermedades a partir de datos clínicos. Todo esto parte de un conjunto de datos etiquetado con ejemplos previos, que permiten al modelo aprender y luego generalizar a nuevos casos.

Ejemplo

1. Clasificación: detectar correos spam

Imagina que trabajas en una empresa y recibes cada día cientos de correos. Algunos son importantes, pero muchos otros son publicidad no deseada o estafas. Para evitar perder tiempo, decides entrenar un sistema que aprenda a separar los correos "spam" de los "no spam".

Para ello, usas un conjunto de ejemplos reales: 10.000 correos que ya han sido clasificados previamente por personas. Algunos están etiquetados como *spam* (por ejemplo, "Consigue dinero fácil en 24 horas"), y otros como *no spam* (como "Resumen de ventas del mes").

El sistema empieza a comparar los mensajes y encuentra patrones: los correos spam suelen tener muchas mayúsculas, enlaces sospechosos, o ciertas palabras como "gratis", "urgente", "premio". En cambio, los correos normales usan un lenguaje más formal, suelen venir de remitentes conocidos y contienen menos imágenes llamativas.

Después de entrenarlo, se le presenta un correo nuevo que nunca ha visto antes. El sistema lo analiza y, basándose en lo que aprendió, decide que sí es spam, porque contiene muchas palabras típicas de ese tipo de mensajes. ¡Así de simple funciona la clasificación!

2. Regresión: predecir el precio de un piso

Ahora imagina que estás buscando piso para comprar, pero quieres saber si te están cobrando de más. Para eso, decides entrenar un modelo que aprenda a predecir el precio aproximado de un piso basándose en sus características: metros cuadrados, número de habitaciones, si tiene ascensor, barrio, planta…

Recolectas una tabla con datos de 5.000 pisos vendidos en tu ciudad. Cada fila tiene la información del piso y el precio final por el que se vendió. Esa información sirve para que el modelo encuentre relaciones: por ejemplo, que en el centro los pisos son más caros, que tener ascensor sube el precio, o que los bajos son más baratos que los áticos.

Después de entrenar al modelo, le pasas la información de un piso concreto: 70 m², 2 habitaciones, en el barrio de Ruzafa (Valencia), planta 3 sin ascensor. El modelo calcula, basándose en los ejemplos anteriores, que ese piso debería costar unos 185.000 euros. Ya puedes comparar con el precio real que te piden y decidir con más criterio.

Esto es lo que se llama regresión, porque no se trata de elegir una categoría (como "caro" o "barato"), sino de predecir un valor numérico.

3. Regresión lineal: predecir ventas en función del gasto en publicidad

Supongamos que tienes una pequeña tienda online y quieres saber cómo influye el gasto en publicidad en tus ventas. Tienes datos de los últimos 12 meses: cuánto invertiste en anuncios cada mes y cuánto vendiste. Si haces un gráfico, verás que a más inversión, más ventas. Pero no sabes exactamente cuánta diferencia hay.

Ahí entra la regresión lineal: el modelo dibuja una recta que se ajusta lo mejor posible a esos puntos, y con eso puede predecir cuánto venderás si el próximo mes gastas, por ejemplo, 500 euros en publicidad. Te dice algo como: "si gastas 500, probablemente vendas unos 3.000 euros".

Es muy útil para detectar tendencias simples y tomar decisiones rápidas.

4. Regresión logística: predecir si un cliente comprará o no

Ahora imagina que trabajas para una empresa de seguros y quieres predecir si una persona va a contratar un seguro o no. Tienes muchos datos de antiguos clientes: edad, ingresos, tipo de vehículo, código postal, y si finalmente contrataron o no.

Como la respuesta solo puede ser "sí" o "no", usas una regresión logística, que es perfecta para este tipo de situaciones. El modelo aprende qué características suelen estar asociadas con personas que contratan, y cuáles no.

Así, cuando entra un nuevo cliente, el sistema te puede decir: "esta persona tiene un 82% de probabilidades de contratar". Y con esa información, tú puedes decidir si le haces una oferta especial o le das seguimiento personalizado.

5. Árboles de decisión: detectar fraude en tarjetas bancarias

Imagina que trabajas en un banco y te encargas de detectar posibles fraudes en las tarjetas. Sabes que cuando alguien hace una compra rara (como pagar 1.000 € desde otro país a las 3 de la madrugada), puede ser un robo de datos.

Un árbol de decisión funciona como un juego de "sí" o "no". El modelo va aprendiendo preguntas como:

▶ ¿La compra es en el mismo país del titular?

▶ ¿Es un importe alto?

▶ ¿Es un horario habitual?

▶ ¿Se parece a compras anteriores?

Cada respuesta lleva a una nueva rama del árbol, y al final se decide si esa operación parece normal o sospechosa. Lo mejor de los árboles es que son muy fáciles de interpretar, incluso para personas que no son técnicas. Se puede ver exactamente cómo llegó el sistema a su conclusión.

6. SVM (Máquinas de soporte vectorial): clasificar imágenes médicas

En un hospital se quiere desarrollar un sistema que distinga radiografías con tumores de las que no tienen. Se cargan miles de imágenes ya clasificadas por médicos (con y sin tumor), y se entrenan modelos para que aprendan a diferenciarlas.

Aquí las Máquinas de Soporte Vectorial (SVM) son muy útiles, porque son capaces de encontrar una "frontera" muy precisa que separa los casos positivos de los negativos, incluso cuando la diferencia es sutil.

Una vez entrenado, el modelo puede analizar una radiografía nueva y decir: "con un 94% de certeza, esta imagen corresponde a un caso con tumor", ayudando al personal médico a hacer diagnósticos más rápidos y seguros.

Otra cosa interesante del **aprendizaje supervisado** es que no se limita a tareas complejas. Muchas veces está detrás de funciones que parecen simples, pero que requieren un modelo entrenado. Por ejemplo, cuando una app de fotos **reconoce rostros** y los etiqueta automáticamente, lo hace porque ha aprendido con miles de ejemplos etiquetados previamente. Lo mismo ocurre con los sistemas de reconocimiento de voz: el modelo ha escuchado muchas grabaciones asociadas a su transcripción correcta y ha aprendido a interpretar lo que decimos.

Además, estos modelos pueden **mejorar con el tiempo** si se les sigue alimentando con nuevos datos y ejemplos reales. Esto se llama "entrenamiento continuo", y es especialmente útil en entornos donde los patrones cambian mucho, como en el comercio electrónico o la ciberseguridad. Por ejemplo, los correos de spam de hace diez años no se parecen nada a los actuales. Por eso, el modelo necesita ir actualizándose para seguir siendo eficaz.

En entornos profesionales, el aprendizaje supervisado se aplica con frecuencia para **automatizar tareas que requieren cierta inteligencia humana**, pero que serían lentas o costosas de hacer a mano. Pensemos en un sistema que revise automáticamente miles de solicitudes de crédito: con los datos de clientes anteriores y si devolvieron o no el préstamo, se puede entrenar un modelo para predecir si una nueva solicitud es de riesgo. Esto ayuda a **tomar decisiones más rápidas y con menos errores**, siempre que el modelo haya sido entrenado y validado.

Es importante tener en cuenta que estos modelos **necesitan datos de calidad y bien etiquetados para funcionar correctamente**. Si las etiquetas están mal o los ejemplos son poco representativos, el modelo puede aprender cosas incorrectas. Por eso, en muchos proyectos se dedica bastante tiempo a preparar los datos antes incluso de entrenar el modelo.

3.4 ALGORITMOS NO-SUPERVISADOS: ¿QUÉ SON? ALGUNOS EJEMPLOS

El **aprendizaje no supervisado** es un enfoque dentro de la inteligencia artificial en el que el modelo **aprende a identificar patrones por sí mismo**, sin necesidad de que los datos estén etiquetados previamente. Es decir, a diferencia del aprendizaje supervisado, aquí no le decimos al sistema cuál es la respuesta correcta. Simplemente le damos los datos tal y como están y le dejamos buscar relaciones, similitudes o diferencias por su cuenta. Es como si le entregáramos una caja con piezas mezcladas y el sistema se encargara de ordenarlas en grupos según sus características.

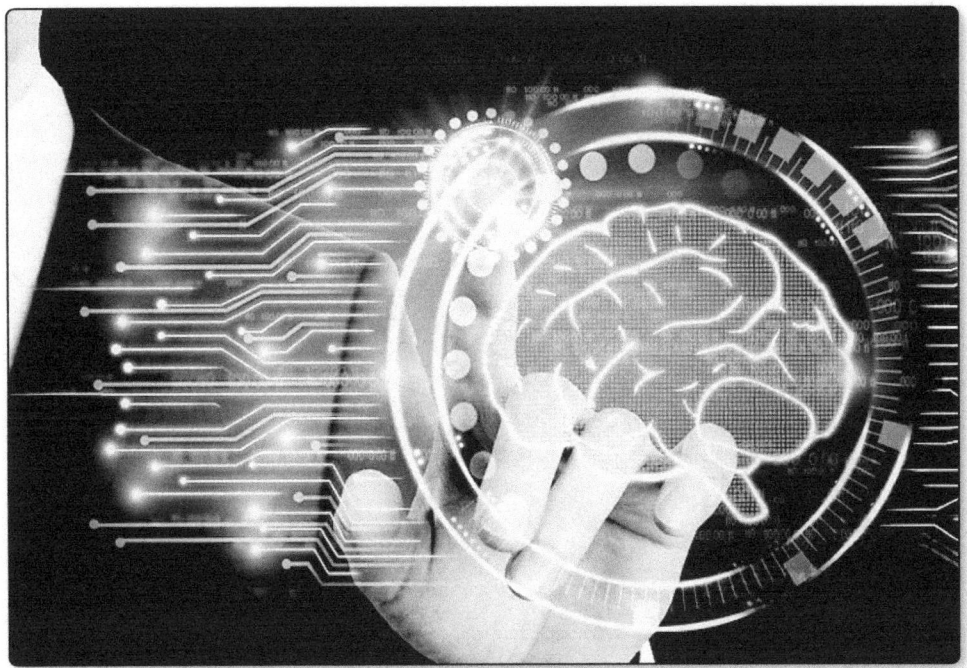

Este tipo de aprendizaje es muy útil para **explorar datos** cuando no sabemos muy bien qué hay dentro o qué deberíamos buscar. También se usa mucho en tareas de **agrupamiento**, donde se intenta encontrar elementos parecidos entre sí, o en **detección de anomalías**, para identificar cosas que se salen de lo común. Por ejemplo, si tenemos registros de miles de transacciones y una de ellas tiene un comportamiento completamente diferente, un algoritmo no supervisado puede detectarla como algo que merece atención.

En el mundo real, hay muchos usos prácticos para este tipo de algoritmos. En marketing, por ejemplo, se utilizan para hacer **segmentación de clientes**. Imagina una tienda online que quiere enviar promociones personalizadas, pero no sabe cómo clasificar a sus usuarios. Un modelo no supervisado puede analizar comportamientos de compra, hábitos de navegación o respuestas a campañas anteriores, y proponer grupos de clientes con perfiles similares. Esto permite diseñar estrategias más afinadas y efectivas, sin necesidad de etiquetar manualmente a cada usuario.

Otro caso habitual es la **agrupación de productos o documentos**. Por ejemplo, una plataforma de libros electrónicos puede usar estos algoritmos para organizar automáticamente miles de títulos en categorías similares, incluso si no tienen etiquetas de género. El modelo detecta patrones en los textos o en los hábitos de lectura de los usuarios y crea agrupaciones que luego pueden usarse para recomendaciones o para mejorar la navegación en la web.

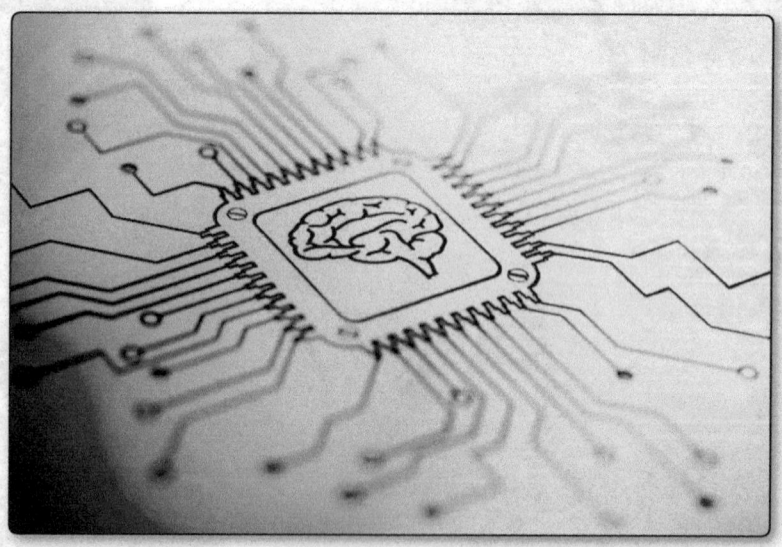

Entre los **algoritmos más conocidos de aprendizaje no supervisado**, uno de los más utilizados es **K-means**, que forma grupos de elementos parecidos entre sí. Por ejemplo, si tenemos datos sobre altura y peso de personas, K-means puede separar el conjunto en varios grupos que representen diferentes perfiles físicos. Otro algoritmo interesante es **DBSCAN**, que permite detectar grupos con formas menos uniformes y también identificar valores que están muy alejados del resto, lo que viene bien para detectar fraudes o errores. También está el **PCA** (análisis de componentes principales), que se usa mucho para **reducir la complejidad de los datos** y visualizar mejor lo que contienen, sin perder la información más importante.

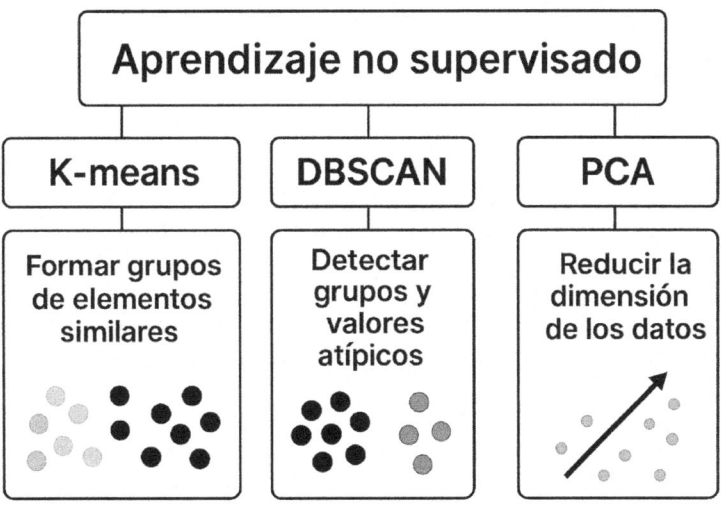

Ejemplo

1. K-means (agrupación por similitud)

Ejemplo:

Agrupar clientes según su perfil físico.

Imagina que trabajas en un gimnasio y tienes una hoja de cálculo con los datos de altura y peso de 500 personas socias. No sabes a qué grupo pertenece cada una, pero te interesa detectar patrones comunes para ofrecer rutinas personalizadas.

Con el algoritmo K-means, le dices al sistema que quieres crear, por ejemplo, 3 grupos. El algoritmo empieza a analizar los datos y, tras varias iteraciones, consigue agrupar a las personas en tres perfiles:

- Grupo 1: personas de baja estatura y peso ligero.

- Grupo 2: personas de estatura media y peso moderado.

- Grupo 3: personas altas con peso más elevado.

Esto te permite ofrecer rutinas adaptadas según el grupo, sin haber tenido que etiquetar a cada persona de antemano. K-means lo deduce solo en base a los datos.

2. DBSCAN (agrupación con detección de valores atípicos)

Ejemplo:

Detección de fraudes en pagos con tarjeta.

Trabajas en un banco y tienes miles de registros de pagos con tarjeta: hora del día, importe, lugar, frecuencia… Sabes que algunos fraudes no siguen los patrones normales, pero no tienes una etiqueta clara para entrenar un modelo supervisado.

Con DBSCAN, puedes buscar grupos de transacciones con comportamientos similares, y al mismo tiempo identificar transacciones extrañas que no encajan en ningún grupo.

Por ejemplo, si una persona hace compras pequeñas y regulares en su ciudad y, de repente, aparece una compra grande desde otro país a las 3 de la madrugada, DBSCAN puede detectarlo como un valor atípico. Así se puede activar una alerta de posible fraude sin necesidad de ejemplos etiquetados.

3. PCA (análisis de componentes principales)

Ejemplo:

Visualizar mejor un conjunto de datos de vinos.

Supón que tienes un conjunto de datos sobre 1.000 tipos de vino, y cada uno tiene 13 características químicas distintas (acidez, nivel de alcohol, color, etc.). Son muchos datos y cuesta mucho analizarlos todos a la vez.

Con PCA, puedes reducir esos 13 factores a solo 2 o 3 componentes principales, que son combinaciones de los originales, pero que conservan la mayor parte de la información. Esto permite hacer un gráfico en dos dimensiones donde se visualizan los vinos según su perfil químico general.

Gracias a esto, puedes ver si hay vinos que se agrupan naturalmente (por ejemplo, tintos secos frente a blancos afrutados), o si hay alguno que destaca por ser muy diferente. Así, aunque no estés clasificando los vinos, puedes entender mejor la estructura de los datos y explorar su comportamiento.

Este tipo de modelos son especialmente potentes cuando trabajamos con datos muy grandes y variados, y queremos descubrir patrones que no están a simple vista. A veces el objetivo no es obtener una respuesta concreta, sino **comprender**

mejor cómo se comportan los datos, descubrir estructuras ocultas o preparar el terreno para otros análisis más específicos. Es una herramienta muy valiosa para explorar y organizar la información cuando todavía no sabemos bien qué buscar.

3.5 INTRODUCCIÓN AL DEEP LEARNING Y EL APRENDIZAJE POR REFUERZO

El **Deep Learning**, o aprendizaje profundo, es una rama del aprendizaje automático que se basa en el uso de **redes neuronales artificiales con muchas capas**, también llamadas redes profundas. La idea es que cuantas más capas tenga la red, más capaz será de **aprender representaciones complejas de los datos**. Estas capas actúan como filtros que transforman progresivamente la información, desde lo más simple hasta lo más abstracto. Por ejemplo, en una imagen, las primeras capas pueden detectar líneas o colores, y las últimas pueden identificar objetos como una cara, un coche o una señal de tráfico.

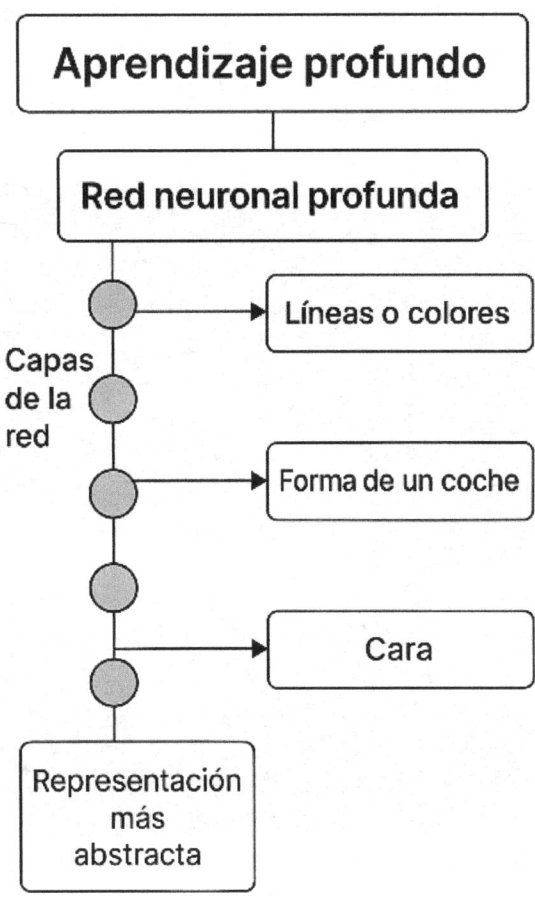

*Esta imagen muestra cómo funciona el aprendizaje profundo (Deep Learning) a través de una red neuronal profunda. En la parte superior se introduce el concepto general, y justo debajo se representa una red formada por múltiples capas. Cada una de estas capas transforma la información de manera progresiva: las primeras detectan características simples como líneas o colores, las siguientes reconocen formas más complejas como la silueta de un coche, y las últimas identifican objetos concretos, como una cara humana. A medida que avanzamos en la red, la representación se vuelve más abstracta, permitiendo al sistema comprender detalles de alto nivel sin necesidad de que un humano le indique cómo hacerlo. Esto es lo que hace tan potente al aprendizaje profundo, especialmente en tareas como el reconocimiento de imágenes o la visión artificial.

Este tipo de tecnología se ha vuelto muy potente en tareas donde los datos son difíciles de procesar con métodos tradicionales. Uno de los campos donde más se usa el Deep Learning es en el **reconocimiento de voz**, como cuando hablamos con asistentes virtuales como Siri o Alexa. También se aplica en **el reconocimiento de imágenes**, por ejemplo, para identificar personas, señales de tráfico o productos en una tienda online. Otra aplicación muy popular es la **traducción automática**, como la que ofrecen Google Translate o DeepL, que gracias a estas redes han mejorado mucho su precisión en los últimos años.

Por otro lado, el **aprendizaje por refuerzo** es un enfoque diferente dentro del campo de la inteligencia artificial. En este caso, el modelo aprende **a base de ensayo y error**, es decir, prueba distintas acciones y recibe una recompensa si lo hace bien, o una penalización si se equivoca. Con el tiempo, el sistema va entendiendo qué acciones le llevan a obtener mejores resultados y va afinando su comportamiento. Es un poco como entrenar a un perro: si hace lo que se espera, se le premia; si no, se le corrige.

Este tipo de aprendizaje es muy útil en **entornos dinámicos**, donde el sistema necesita adaptarse constantemente y tomar decisiones secuenciales. Un ejemplo claro son los **coches autónomos**, que tienen que tomar decisiones en tiempo real sobre frenar, girar o acelerar, dependiendo del entorno. También se usa en **bots que juegan videojuegos**, que aprenden estrategias cada vez mejores a medida que juegan miles de partidas. Y en **sistemas de recomendación dinámicos**, como los que ajustan el contenido que ves en una app según tu comportamiento actual, también se puede aplicar este tipo de aprendizaje para mejorar la personalización de forma continua.

Tanto el Deep Learning como el aprendizaje por refuerzo son tecnologías que están empujando los límites de lo que la inteligencia artificial puede hacer. A través de estos enfoques, las máquinas están empezando a manejar tareas más complejas y adaptarse mejor a situaciones cambiantes.

3.6 PROCESAMIENTO DE INFORMACIÓN NO ESTRUCTURADA

Imágenes y Textos

Los **datos no estructurados** son aquellos que no siguen un formato fijo, como una tabla o una hoja de cálculo. A diferencia de los datos organizados en filas y columnas, estos son más desordenados y variados: textos, imágenes, audios, vídeos, correos electrónicos, publicaciones en redes sociales, comentarios de usuarios, etc. Son muy abundantes hoy porque gran parte de la información que generamos cada día —ya sea escribiendo, grabando, compartiendo o buscando— no viene en forma de números bien ordenados, sino en formatos más libres y naturales. Y aunque estos datos pueden parecer más difíciles de tratar, contienen **muchísima información valiosa** si se analizan bien.

Para trabajar con **texto**, se utiliza una rama de la inteligencia artificial llamada **Procesamiento del Lenguaje Natural** o **NLP (Natural Language Processing)**. Su objetivo es enseñar a las máquinas a **entender, interpretar y generar lenguaje humano**. Esto permite realizar tareas como el **análisis de sentimientos**, para saber si un mensaje transmite una opinión positiva o negativa; la **generación de resúmenes automáticos**, que ayuda a extraer lo más importante de un texto largo; o el desarrollo de **chatbots**, que pueden mantener conversaciones con usuarios y dar respuestas útiles.

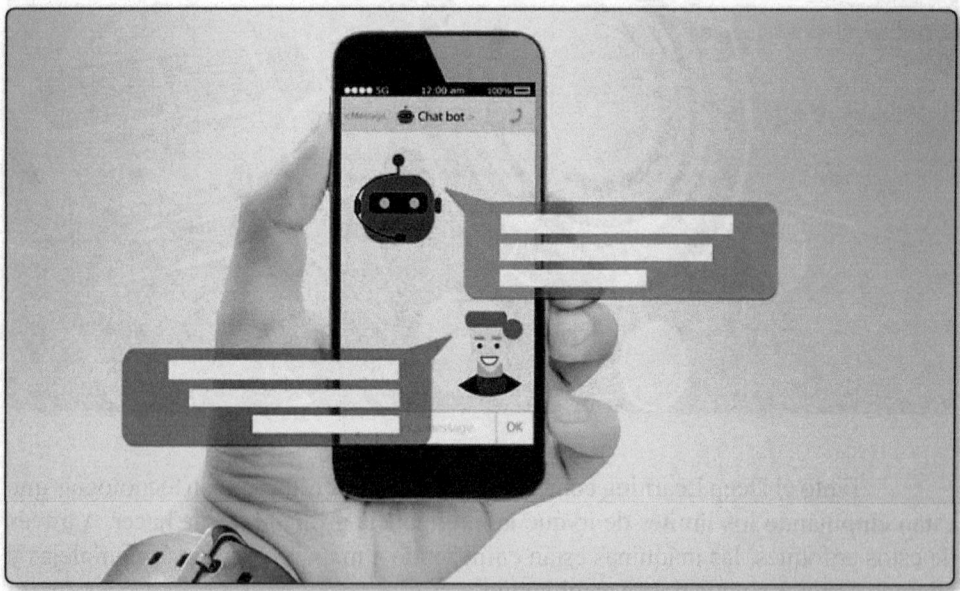

Entre las técnicas más utilizadas en NLP están la **tokenización**, que consiste en dividir un texto en palabras o frases para analizarlas por separado; la **vectorización**, que convierte ese texto en números para que pueda ser procesado por un modelo; y los **modelos de lenguaje avanzados**, como **BERT** o **GPT**, que se han entrenado con grandes volúmenes de información y son capaces de generar respuestas coherentes, traducir idiomas, redactar textos o incluso mantener conversaciones.

En el caso de las **imágenes**, el enfoque es diferente, pero igual de interesante. Aquí se usan las llamadas **redes neuronales convolucionales (CNN, por sus siglas en inglés)**, que están diseñadas para detectar patrones visuales. Estas redes funcionan como filtros que van examinando una imagen por partes, identificando formas, bordes, colores y otros elementos que ayudan a entender lo que aparece en ella. Este tipo de redes ha permitido grandes avances en tareas como el **diagnóstico médico asistido**, donde los sistemas ayudan a detectar enfermedades en radiografías o escáneres con mucha precisión. También se usan en **sistemas de visión artificial** para **detectar objetos en tiempo real**, por ejemplo en vehículos autónomos o cámaras de seguridad, y en **control de calidad industrial**, donde se revisan productos en cadena para detectar defectos.

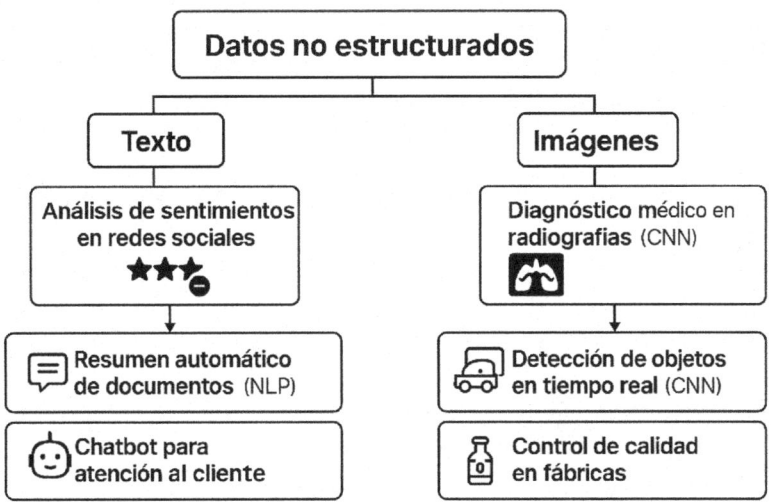

Esta imagen muestra cómo se abordan los datos no estructurados en dos grandes categorías: texto e imágenes. En el caso del texto, se utilizan técnicas de Procesamiento del Lenguaje Natural (NLP) para tareas como el análisis de sentimientos en redes sociales, la generación automática de resúmenes de documentos largos y la creación de chatbots para atención al cliente. Por otro lado, en el tratamiento de imágenes se aplican redes neuronales convolucionales (CNN) para funciones como el diagnóstico médico en radiografías, la detección de objetos en tiempo real (por ejemplo, en vehículos autónomos) y el control de calidad en fábricas.

Uno de los aspectos más interesantes del procesamiento de datos no estructurados es que **acerca la inteligencia artificial a la forma en que las personas interactúan naturalmente**. Los humanos no pensamos en datos como filas de una tabla, sino en palabras, imágenes, ideas… Y eso es exactamente lo que ahora pueden manejar las máquinas gracias a estas técnicas.

Por ejemplo, en el mundo empresarial, **analizar los comentarios de los clientes** puede dar pistas muy valiosas sobre cómo mejorar un producto o servicio. Las herramientas de NLP permiten leer miles de opiniones y **detectar patrones de satisfacción o quejas** sin tener que hacerlo a mano. En atención al cliente, los chatbots bien entrenados **responden dudas básicas al instante**, liberando a los equipos humanos para centrarse en consultas más complejas. También en el ámbito educativo, los sistemas que procesan texto pueden **ayudar a resumir artículos, corregir errores o incluso generar explicaciones** adaptadas al nivel del alumno.

En el caso de las imágenes, hay aplicaciones sorprendentes que están cambiando sectores enteros. En salud, por ejemplo, hay algoritmos que han aprendido a **detectar tumores en pruebas médicas** con una precisión muy alta, ayudando a los médicos a hacer diagnósticos más tempranos. En agricultura, drones equipados con visión artificial recorren los campos **detectando plagas o zonas que necesitan más riego**. Y en seguridad, las cámaras inteligentes pueden **reconocer rostros o detectar movimientos sospechosos**, todo en tiempo real.

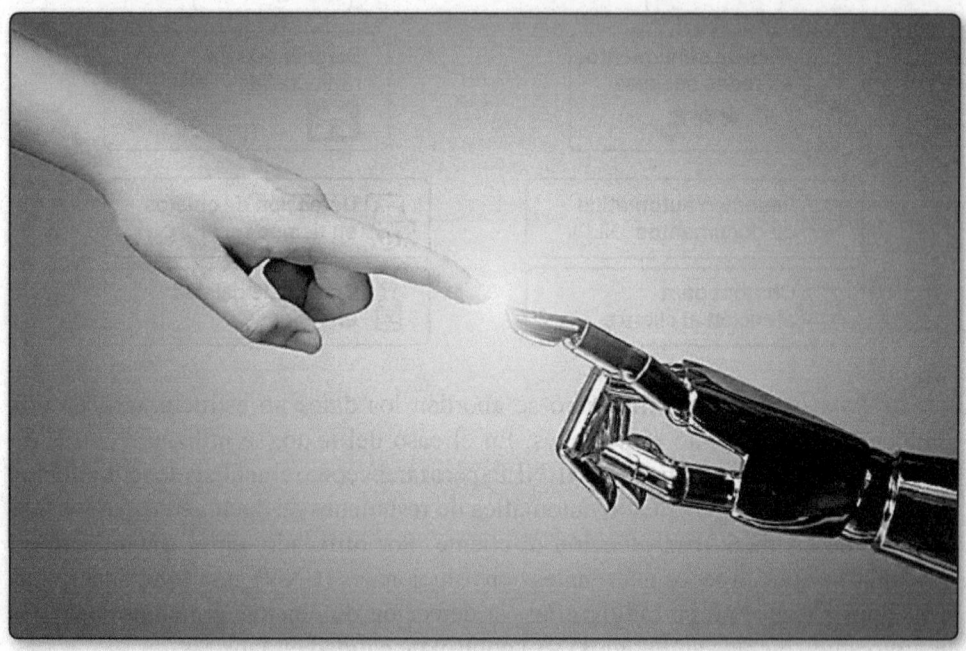

Trabajar con datos no estructurados también implica retos. Por ejemplo, **los textos pueden tener ambigüedades** (una misma palabra puede tener varios significados), o las imágenes pueden estar en condiciones difíciles de analizar (poca luz, ruido, etc.). Aun así, los modelos siguen mejorando, sobre todo gracias al entrenamiento con más datos y al uso de **infraestructura en la nube**, que permite manejar esta complejidad con más potencia y menos costes.

Ejemplo

1. Texto – Análisis de sentimientos en redes sociales (NLP)

Imagina que una marca de ropa quiere saber qué opinan los usuarios de Twitter sobre su nueva colección. Recoge miles de tuits como:

- ▼ "¡Me encanta la nueva chaqueta de Trixal, es comodísima!"

- ▼ "La calidad ha bajado mucho. Muy decepcionado".

- ▼ "No está mal, pero los precios son exagerados".

Estos mensajes no vienen organizados en una tabla. Son datos no estructurados y cada uno es diferente. Con técnicas de Procesamiento del Lenguaje Natural (NLP), como la *tokenización* y el *análisis de sentimientos*, se puede analizar cada tuit y etiquetarlo como positivo, negativo o neutral.

Así, la empresa puede generar un informe que diga:

- ▼ 65% de los comentarios son positivos

- ▼ 22% negativos

- ▼ 13% neutros

Esto permite saber si el lanzamiento está gustando al público sin tener que leer uno a uno todos los mensajes.

2. Texto – Resumen automático de documentos largos (NLP)

Supongamos que trabajas en un bufete de abogados y tienes que leer decenas de sentencias judiciales al día. Algunas tienen más de 20 páginas, pero tú solo necesitas las ideas clave.

Con herramientas de NLP, como modelos basados en transformers (como BERT o GPT), puedes cargar cada documento y generar un resumen automático que diga, por ejemplo:

"Sentencia favorable al demandante. Se reconoce incumplimiento de contrato por parte de la empresa. Indemnización de 25.000 €".

Esto ahorra muchísimo tiempo y permite que el equipo se concentre en el análisis jurídico, no en la lectura repetitiva.

3. Texto – Chatbot para atención al cliente (NLP)

En la web de Trixal, los usuarios preguntan cosas como:

- ▸ "¿Cuánto tarda el envío a Sevilla?"
- ▸ "¿Cómo devuelvo un producto?"
- ▸ "¿Tenéis fundas para el Xiaomi Redmi?"

Con NLP, se puede crear un chatbot inteligente que reconozca lo que está preguntando el cliente y dé respuestas útiles, como:

"El envío estándar a Sevilla tarda entre 24 y 48 horas". "Puedes iniciar una devolución desde tu cuenta, en el apartado 'Mis pedidos'".

Este sistema usa modelos de lenguaje que entienden el lenguaje natural, lo interpretan y generan respuestas automáticas.

4. Imágenes – Diagnóstico médico en radiografías (CNN)

En un hospital, los radiólogos analizan miles de radiografías. A veces una lesión es muy sutil y puede pasar desapercibida.

Con redes neuronales convolucionales (CNN) entrenadas con imágenes médicas, se puede crear un sistema que detecte patrones como manchas sospechosas en los pulmones o fracturas leves. El sistema analiza cada radiografía por partes y marca zonas donde puede haber una anomalía.

Esto no sustituye al médico, pero lo ayuda a revisar más casos con más precisión y rapidez.

5. Imágenes – Detección de objetos en tiempo real (CNN)

Un coche autónomo lleva cámaras que capturan imágenes constantemente. Necesita saber qué tiene delante: ¿es una persona, otro coche, una señal de tráfico?

Gracias a CNNs, el sistema analiza cada fotograma, detecta objetos y los clasifica en tiempo real. Por ejemplo:

- Persona cruzando
- Coche delante a 8 metros
- Señal de STOP a la derecha

Estas redes son capaces de interpretar lo que ve el coche y tomar decisiones al instante, como frenar o girar.

6. Imágenes – Control de calidad en fábricas (CNN)

En una fábrica de botellas de cristal, las piezas pasan muy rápido por una cinta. Es imposible que un operario revise una a una todas.

Se instala una cámara conectada a un modelo CNN que ha aprendido a reconocer botellas con defectos (grietas, formas irregulares, manchas). Cada vez que pasa una botella defectuosa, el sistema la detecta y activa un brazo mecánico que la retira de la línea de producción.

Así se garantiza un estándar de calidad sin depender 100% de la supervisión humana.

El análisis de textos e imágenes abre una puerta enorme a **entender mejor lo que ocurre en el mundo real**, porque se basa en las formas de comunicación que usamos a diario. Las máquinas están aprendiendo a leer, ver y comprender, y eso les permite tomar decisiones más inteligentes y útiles. La capacidad de procesar datos no estructurados amplía el alcance del análisis de datos y lo acerca más a la realidad humana. Esto está haciendo que la inteligencia artificial se integre de forma más natural en nuestro día a día, desde lo que compramos hasta cómo nos cuidamos, aprendemos o trabajamos.

Interesante

Según publica SaluDigital (2025), el proyecto CLARA-MeD, desarrollado por el Instituto de Lengua, Literatura y Antropología del CSIC (ILLA-CSIC), está utilizando la inteligencia artificial para mejorar el acceso a la información médica. A través de técnicas de procesamiento de lenguaje natural (PLN), se ha creado una herramienta capaz de analizar automáticamente textos clínicos, identificar conceptos médicos relevantes y traducir terminología especializada a un lenguaje más sencillo.

La herramienta detecta hasta 20 tipos de conceptos distintos, entre ellos enfermedades, tratamientos, dosis o efectos secundarios. Esto permite apoyar tanto a profesionales sanitarios —que manejan grandes volúmenes de información— como a pacientes, que necesitan comprender su diagnóstico o tratamiento sin tener formación médica.

Tal como indica el medio, el sistema se ha entrenado para reconocer frases como "tratado con aspirina 500 mg sin efectos adversos" e identificar automáticamente "aspirina" como fármaco, "500 mg" como dosis y detectar que no hubo efectos secundarios. Este análisis estructurado ha sido validado por expertos médicos para garantizar su fiabilidad.

El proyecto destaca por ofrecer acceso libre y en español, lo que supone una ventaja significativa frente a otras soluciones, que suelen estar diseñadas en inglés. Además, cuenta con una interfaz orientada al paciente que traduce términos técnicos como "amigdalectomía" por expresiones más accesibles como "operación de anginas". Las definiciones generadas por IA son revisadas por especialistas médicos y lingüistas, a fin de evitar malentendidos.

CLARA-MeD no busca reemplazar a los profesionales, sino ser una herramienta complementaria que facilite la alfabetización en salud, según explica Leonardo Campillos Llanos, investigador principal del proyecto. En un contexto donde el tiempo de consulta médica es limitado, disponer de un sistema de apoyo para explicar términos complejos puede marcar la diferencia.

El desarrollo ha contado con el apoyo del Ministerio de Ciencia e Innovación y la Agencia Estatal de Investigación, así como la participación de instituciones como la Real Academia Nacional de Medicina, el Centro de Salud Mental Retiro, la Fundación Rioja Salud, la Universidad Autónoma de Madrid, la Universidad de La Rioja y la UNED.

El futuro del proyecto contempla ampliar la base de datos de términos médicos, mejorar la cobertura de enfermedades y medicamentos, y evaluar el impacto del sistema con pacientes y profesionales reales en entornos clínicos.

3.7 VISUALIZACIÓN DE DATOS: VISUALIZACIONES INTERACTIVAS Y DASHBOARDS

La **visualización de datos** es una parte fundamental del trabajo con información. De nada sirve tener modelos complejos, millones de registros o resultados estadísticos avanzados si luego no se pueden entender ni comunicar de forma clara. Al visualizar los datos correctamente, **es más fácil detectar patrones, identificar errores, descubrir tendencias o tomar decisiones informadas**. Una buena gráfica puede resumir en segundos lo que llevaría horas leer en una tabla. Y además, ayuda a que personas sin perfil técnico también puedan participar en el análisis y entender lo que está pasando.

Existen muchos tipos de visualizaciones, y cada una es adecuada para mostrar algo diferente. Las **gráficas de barras** funcionan muy bien para comparar valores entre categorías, como ventas por producto o población por comunidad autónoma. Las **gráficas de líneas** son ideales para ver cómo cambia algo a lo largo del tiempo, por ejemplo, el número de visitas a una web cada semana. Los **mapas de calor** ayudan a identificar rápidamente zonas con valores altos o bajos dentro de una matriz o mapa. Y los **diagramas de dispersión** permiten ver la relación entre dos variables, como si más formación está relacionada con más salario, por ejemplo.

Para crear este tipo de visualizaciones, hay muchas herramientas disponibles, desde librerías de programación hasta plataformas más visuales. En **Python**, las más conocidas son **Matplotlib**, que es muy flexible y potente; **Seaborn**, que hace más fácil generar gráficos estadísticos elegantes; y **Plotly**, que permite crear **gráficas interactivas**, donde el usuario puede mover el ratón sobre los datos y ver detalles. En el lenguaje **R**, destacan **ggplot2**, que permite construir gráficos de alta calidad con un enfoque muy lógico, y **Shiny**, que sirve para crear aplicaciones web interactivas directamente desde los datos.

También hay herramientas de uso general, muy populares en entornos empresariales, como **Power BI**, **Tableau** o **Google Data Studio**. Estas plataformas permiten conectar bases de datos, importar hojas de cálculo y **crear paneles visuales** en los que todo el mundo pueda explorar los datos sin necesidad de programar. Son muy útiles cuando el análisis tiene que llegar a personas de distintos departamentos o niveles, ya que combinan claridad visual con interactividad.

ⓘ Nota

Tableau es una herramienta especializada en la visualización y el análisis de datos, que permite transformar grandes volúmenes de información en gráficos interactivos fáciles de interpretar. Su interfaz intuitiva facilita la creación de paneles dinámicos sin necesidad de tener conocimientos técnicos avanzados. Gracias a su capacidad para conectarse con múltiples fuentes de datos —ya sean sistemas locales o plataformas en la nube— es una solución versátil que se adapta a distintas necesidades empresariales, ayudando a descubrir patrones, optimizar procesos y tomar decisiones basadas en evidencias visuales.

Power BI, desarrollada por Microsoft, es una solución potente para generar informes interactivos y cuadros de mando personalizados. Su integración nativa con herramientas como Excel, Azure o SharePoint permite conectar datos de múltiples orígenes y analizarlos en tiempo real. Esto facilita el monitoreo constante de indicadores clave de rendimiento y promueve una cultura organizacional basada en datos accesibles, actualizados y compartidos en línea entre equipos y departamentos.

Un **dashboard** o cuadro de mando es precisamente eso: un panel visual interactivo que **muestra los indicadores clave (KPIs)** y los análisis principales de un proyecto o negocio. Está pensado para ofrecer una visión rápida y actualizada de lo que está ocurriendo. Por ejemplo, un dashboard de una tienda online puede mostrar en tiempo real las ventas, los productos más buscados, el stock disponible o el tiempo medio de envío. Y todo esto se presenta en gráficos que se actualizan automáticamente, sin tener que hacer consultas manuales.

A la hora de crear visualizaciones, es importante seguir algunas **buenas prácticas**. La **claridad** es fundamental: los gráficos deben ser fáciles de leer y no estar sobrecargados de colores o elementos innecesarios. La **interactividad** permite al usuario explorar mejor los datos, por ejemplo, filtrando por fechas o regiones. Y siempre debe haber un buen **contexto visual**, es decir, títulos claros, leyendas comprensibles y escalas bien elegidas, para que nadie tenga que adivinar lo que está viendo.

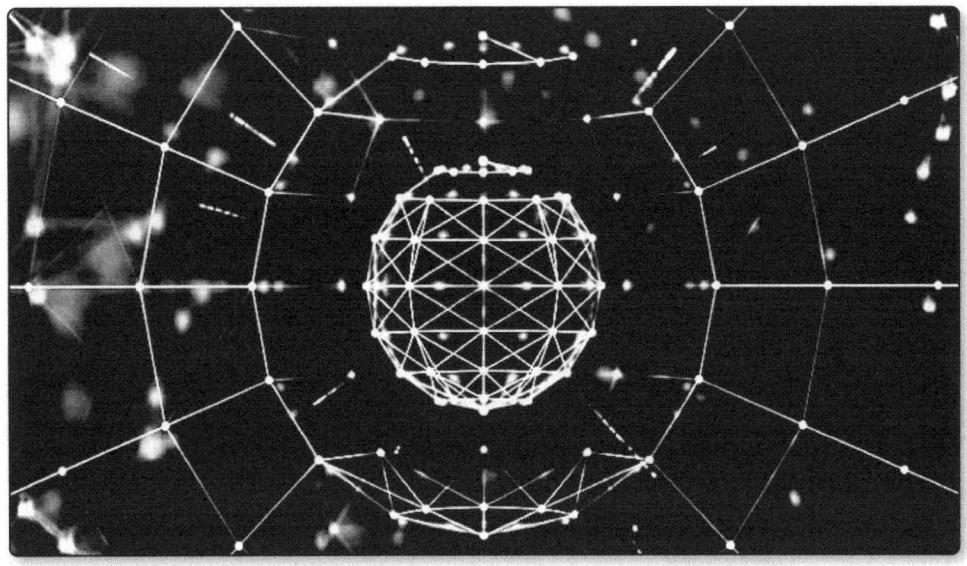

A continuación, se ilustrará cómo aplicar los principios de visualización de datos propios de Power BI, utilizando Python como entorno de trabajo para la generación y preparación de los datos. Se simulará un conjunto de datos representativo de un entorno empresarial, el cual se exportará en formato compatible con Power BI (CSV). Una vez cargado en Power BI, se podrán construir visualizaciones interactivas como gráficos de barras, indicadores clave o filtros dinámicos. Este enfoque permite aprovechar la potencia de Python para el tratamiento y la limpieza de los datos, combinada con las capacidades de análisis visual y colaboración en línea que ofrece Power BI.

Pasos para preparar datos en Python y visualizarlos en Power BI

1. Instalar e importar las librerías necesarias

```bash
#bash
pip install pandas
#python
import pandas as pd
```

2. Crear un conjunto de datos simulado

```python
#python
datos = pd.DataFrame({
    'Departamento': ['Ventas', 'Marketing', 'Finanzas', 'RRHH', 'TI'],
    'Ingresos (€)': [150000, 120000, 95000, 50000, 110000],
    'Gastos (€)': [90000, 70000, 60000, 40000, 80000],
    'Año': [2024, 2024, 2024, 2024, 2024]
})
```

3. Guardar el conjunto de datos como CSV o Excel

```python
#python
datos.to_csv("datos_empresa.csv", index=False)  # O usar .to_
excel("archivo.xlsx") si prefieres Excel
```

4. Importar los datos en Power BI

Abre o descarga Power BI si aún no lo tienes:

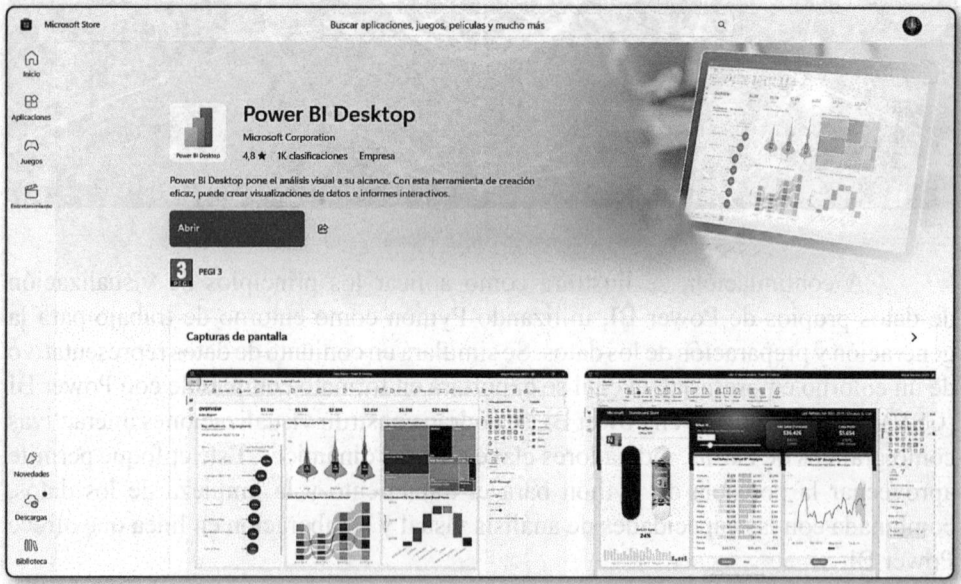

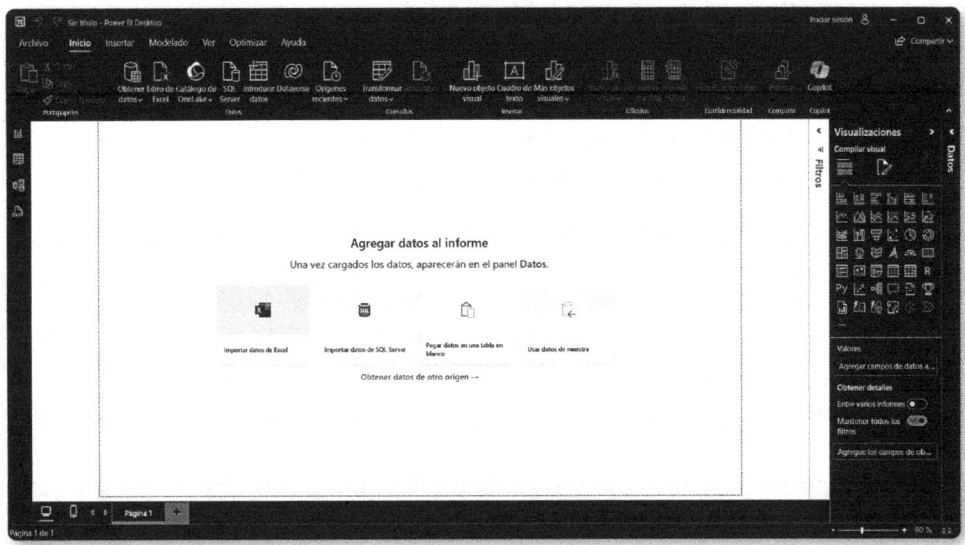

En este caso utilizaremos la versión de escritorio.

Nada más abrir Power BI Desktop, en el centro de la pantalla aparece el mensaje "Agregar datos al informe". Aquí puedes elegir cómo cargar la información que quieres analizar. Tienes varias opciones:

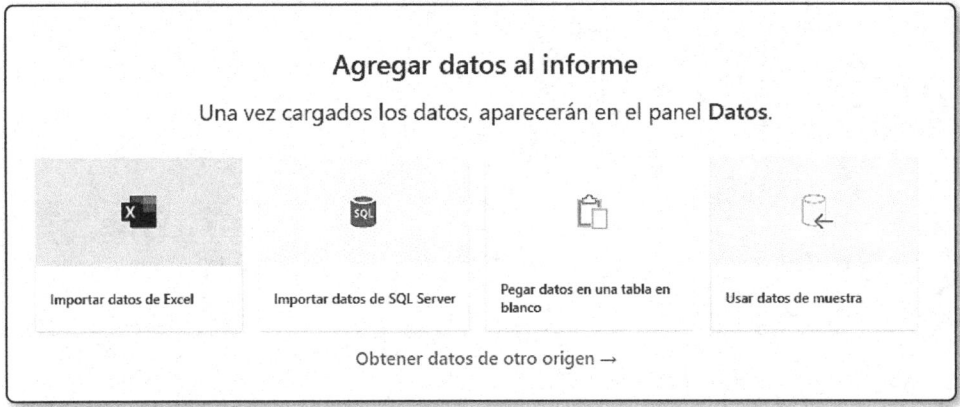

- **Importar datos de Excel:**

  Muy útil si tienes hojas de cálculo con tablas, gráficos o bases de datos.

- **Importar datos de SQL Server:**

  Ideal si trabajas con bases de datos relacionales.

- **Pegar datos en una tabla en blanco:**

  Útil para ejemplos rápidos o para copiar datos directamente desde otro documento.

- **Usar datos de muestra:**

  Para practicar sin necesidad de tener una base real.

- **También puedes hacer clic en "Obtener datos de otro origen" para acceder a muchas más fuentes: archivos CSV, web, SharePoint, Google Analytics, etc.**

En este caso vamos a utilizar los datos generados a través de Python así que seleccionaremos "Obtener datos de otro origen" para cargar el archivo:

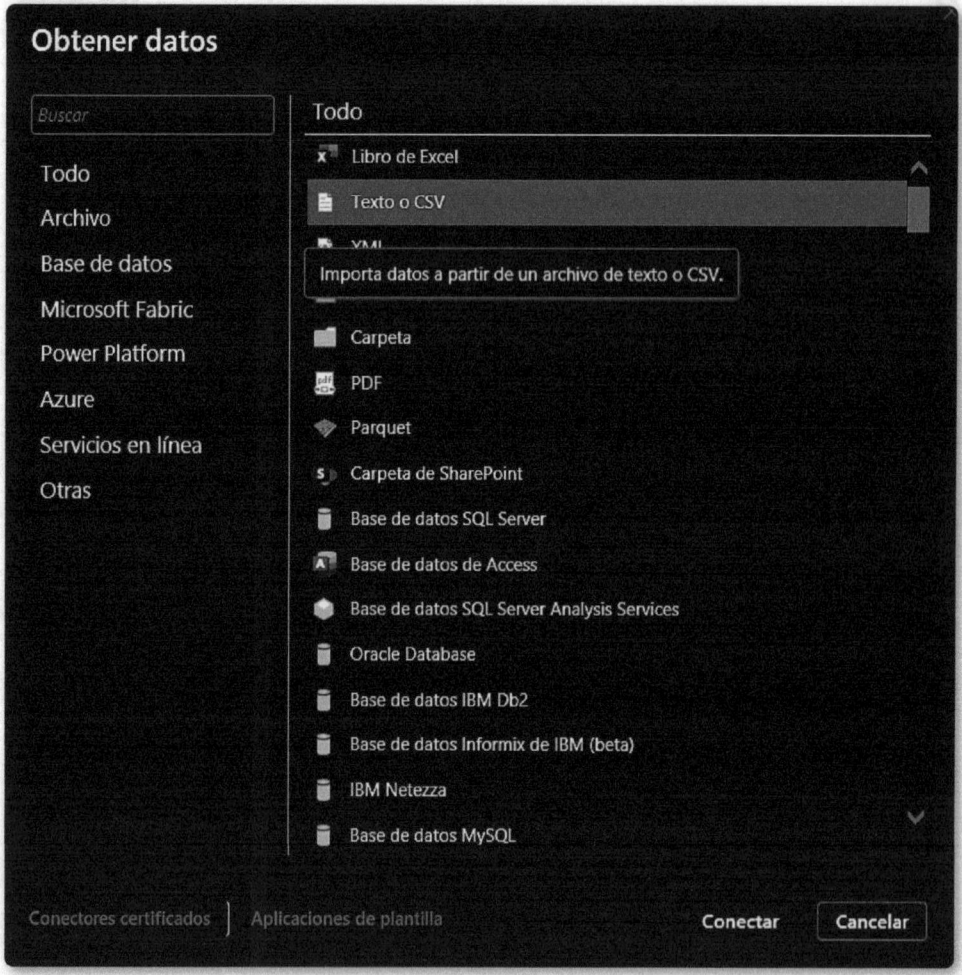

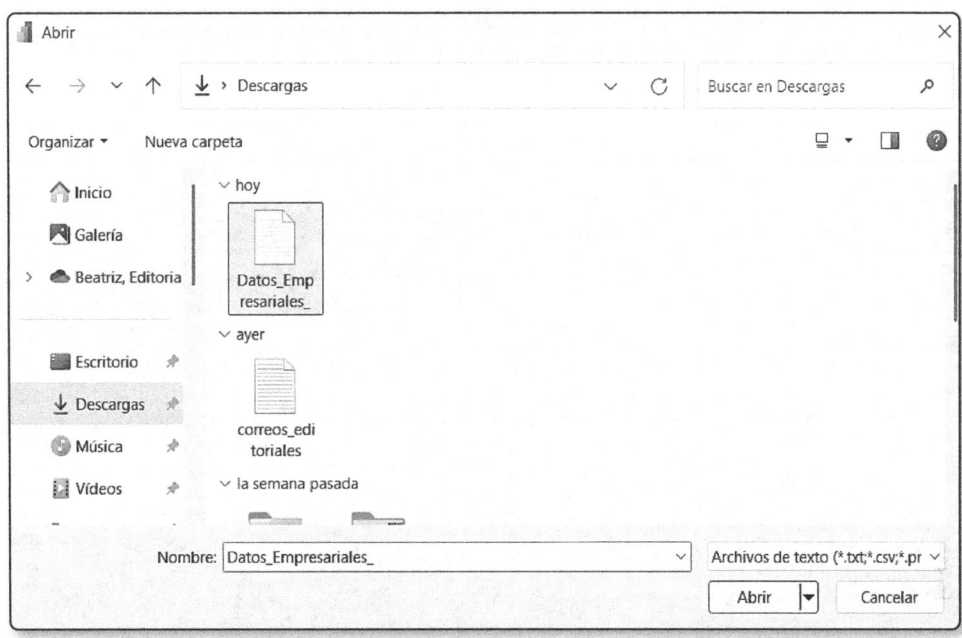

5. **Transformar datos (Power Query)**

   Una vez seleccionas los datos, Power BI puede abrir el Editor de consultas (Power Query), donde puedes limpiar, transformar o combinar columnas. Por ejemplo:

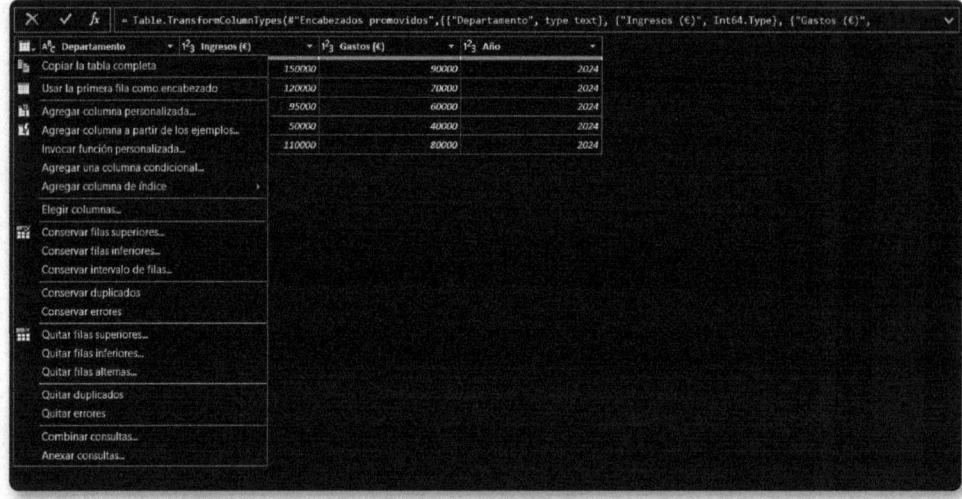

   - Cambiar nombres de columnas.
   - Eliminar filas vacías.
   - Convertir texto en números o fechas.
   - Unificar varias tablas.

   Esto se hace desde la pestaña "Transformar datos".

6. **Crear visualizaciones**

   Cuando los datos ya están cargados (Clic en la pestaña "Cargar") puedes ir al panel derecho donde dice "Visualizaciones". Ahí tienes muchas opciones para crear gráficos:

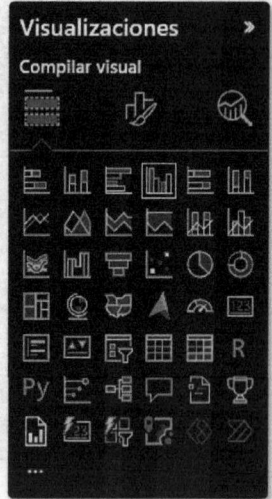

- Barras, líneas, columnas.
- Mapas, tablas, KPI, medidores.
- Gráficos de dispersión, anillos, embudos, etc.

Solo tienes que arrastrar campos desde el panel "Datos" (que aparece también a la derecha) hacia los diferentes elementos de la visualización, como Ejes, Valores, Leyenda, Filtros, etc.

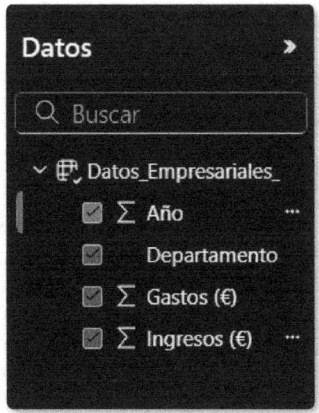

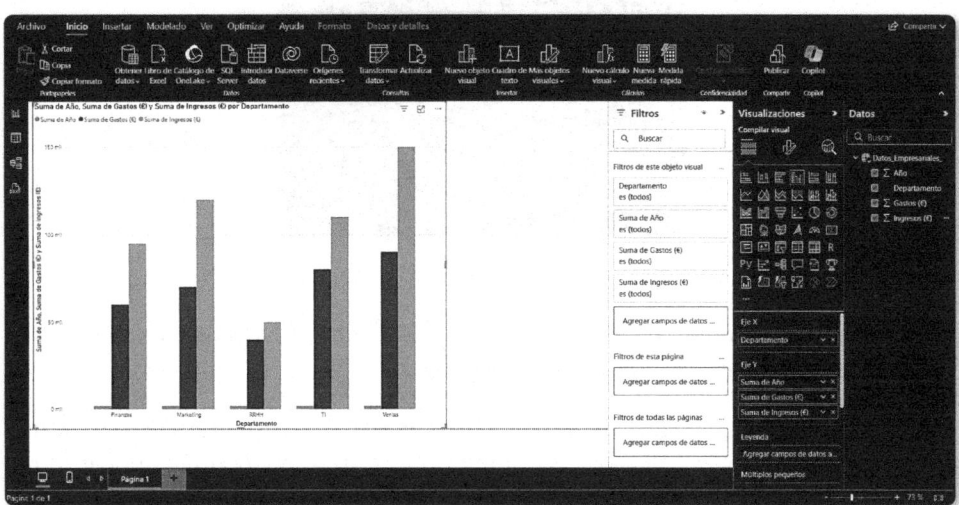

Desde la pestaña superior, puedes crear medidas personalizadas (fórmulas con DAX) o añadir campos calculados. Esto es útil si necesitas mostrar ratios, totales acumulados, porcentajes, etc.

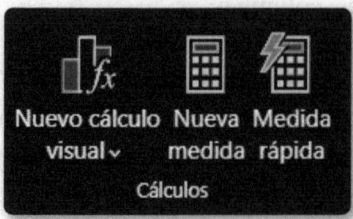

Personalizado

Suma en ejecución

Promedio móvil

Porcentaje de elementos primarios

Porcentaje de total general

Promedio de elementos secundarios

Frente a la anterior

Frente a siguiente

Frente a los primeros

Frente a los últimos

Puedes insertar cuadros de texto, botones y segmentadores (filtros interactivos) para mejorar el diseño del informe.

Por su parte, el panel de filtros de Power BI Desktop permite controlar qué información se muestra en cada parte del informe. Este panel permite aplicar filtros en diferentes niveles para analizar los datos desde distintos ángulos, y está dividido en tres secciones principales:

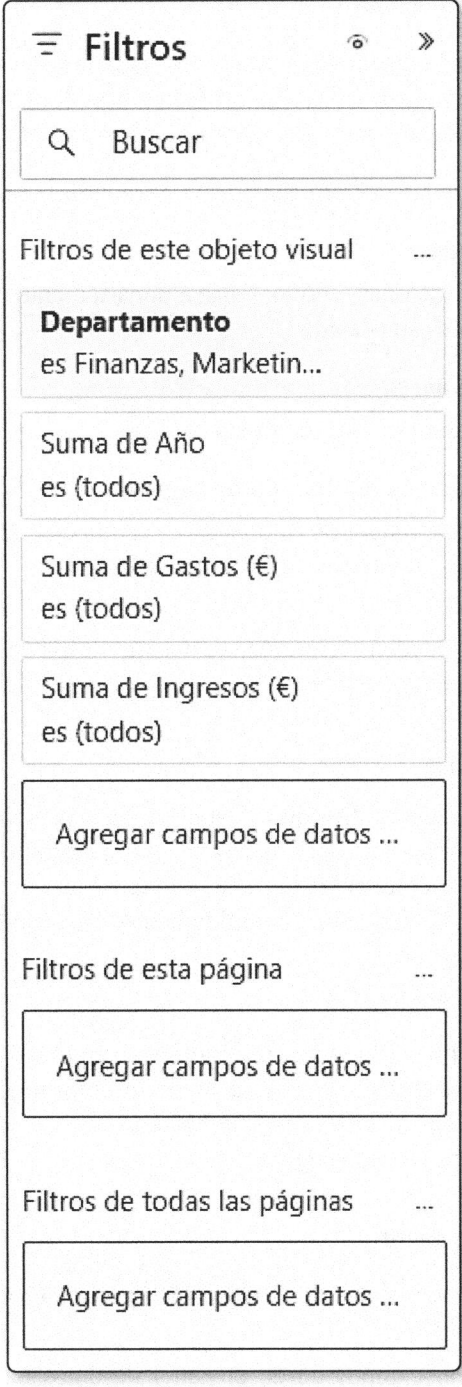

1. Filtros de este objeto visual

Estos filtros afectan únicamente a la visualización específica que tienes seleccionada. Por ejemplo, si estás viendo un gráfico de barras y aplicas un filtro aquí, ese cambio no afecta al resto del informe, solo a ese gráfico en concreto.

En este caso, se pueden aplicar filtros sobre varios campos:

▶ **Departamento:**

Puedes seleccionar uno o varios departamentos para que el gráfico muestre solo esos datos.

▶ **Suma de Año:**

Permite filtrar por años concretos.

▶ **Suma de Gastos (€) y Suma de Ingresos (€):**

Puedes ajustar rangos de valores para ver, por ejemplo, solo departamentos con ingresos superiores a cierta cantidad.

Estos filtros se pueden personalizar con listas desplegables, rango de valores, búsquedas, etc., según el tipo de dato.

2. Filtros de esta página

Aquí puedes agregar filtros que afectan a toda la página del informe, es decir, a todos los gráficos y visualizaciones que estén en esa pestaña. Esto es útil si quieres que todos los elementos de la página se sincronicen al mismo criterio (por ejemplo, ver solo los datos de 2023 o de una comunidad autónoma específica).

3. Filtros de todas las páginas

Esta sección aplica filtros a todo el informe, en todas las páginas que hayas creado. Se utiliza, por ejemplo, si estás haciendo un informe general por empresa y quieres que todas las páginas muestren solo los datos de una empresa específica, sin tener que repetir el filtro en cada página.

4. Otras funciones del panel

En la parte superior tienes una barra de búsqueda para encontrar rápidamente el campo que quieres filtrar.

Puedes arrastrar campos desde el panel de datos hacia cualquiera de las secciones de filtros para activarlos.

Desde los tres puntitos (···) de cada sección puedes personalizar cómo se muestra el filtro o eliminarlo.

¿Para qué sirven los filtros?

Los filtros son una forma de explorar los datos desde distintas perspectivas sin tener que crear nuevos gráficos. Puedes probar distintas combinaciones (por año, por rango de ingresos, por tipo de producto, etc.) y ver cómo cambia la información en tiempo real, lo que facilita mucho el análisis y la toma de decisiones.

Una vez que tienes tu informe listo, puedes guardarlo en tu equipo (formato .pbix):

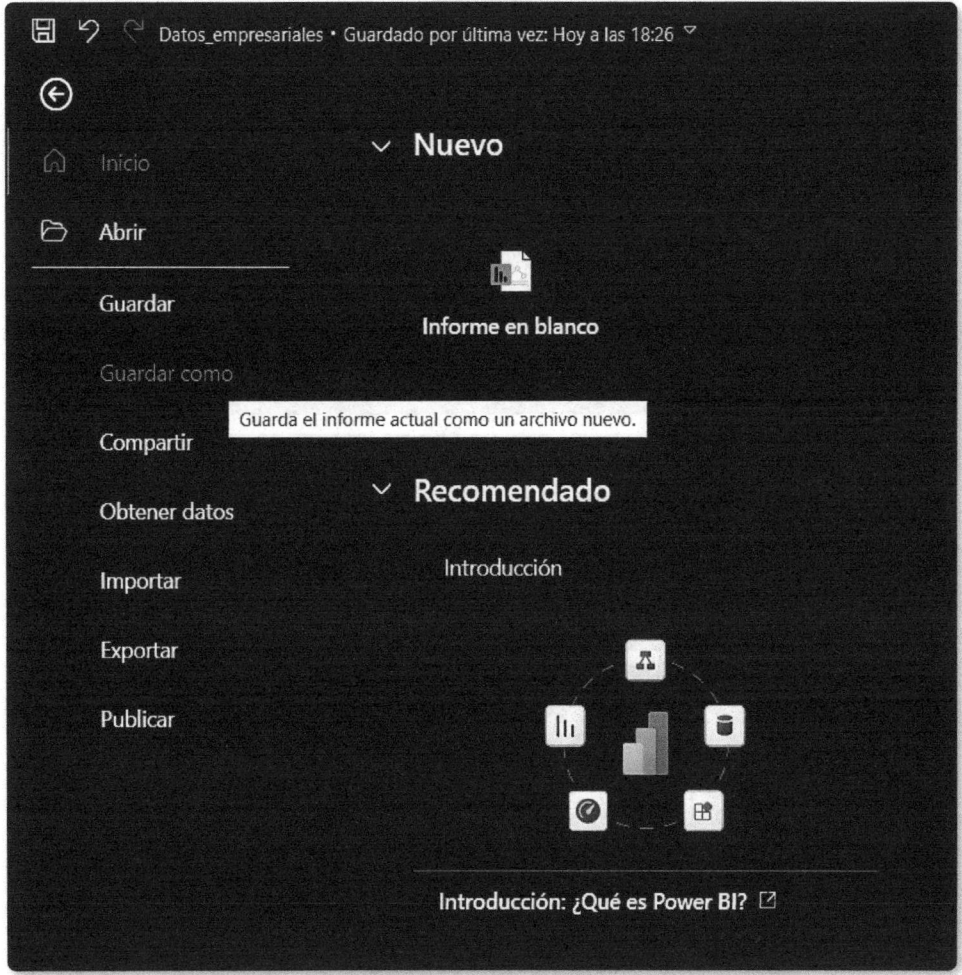

Además, también puedes publicarlo en Power BI Service, la versión online, desde donde podrás compartirlo con otras personas, incrustarlo en webs o actualizarlo automáticamente:

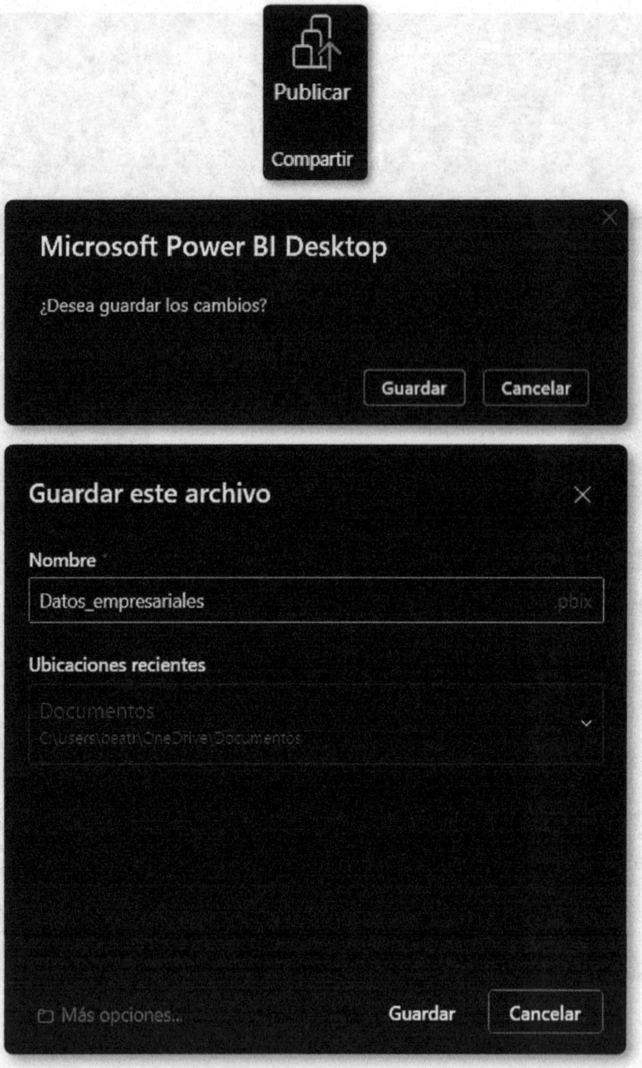

Publicar

Compartir

Microsoft Power BI Desktop

¿Desea guardar los cambios?

Guardar   Cancelar

Guardar este archivo

Nombre

Datos_empresariales   .pbix

Ubicaciones recientes

Documentos
C:\Users\beatri\OneDrive\Documentos

Más opciones...   Guardar   Cancelar

3.8 CICLO DE VIDA DE UN PROYECTO DE CIENCIA DE DATOS EN EL CONTEXTO DE BIG DATA E INTELIGENCIA ARTIFICIAL

Un proyecto de ciencia de datos que trabaje con tecnologías de **Big Data** y **IA** no es simplemente "conectar un modelo y que funcione solo". Detrás de cada sistema inteligente que predice, clasifica o automatiza decisiones, hay todo un proceso bien estructurado que sigue una serie de etapas. Entender este ciclo es fundamental para llevar un proyecto desde la idea inicial hasta su aplicación real en una empresa o institución:

1. Definición del problema

Entender qué se quiere resolver y cómo puede ayudar la IA o el Big Data. Se establece el objetivo del proyecto.

2. Recogida de datos

Recolección de datos relevantes desde distintas fuentes: bases de datos, APIs, sensores, etc.

3. Limpieza y preparación

Eliminación de errores, duplicados y transformación de los datos para que puedan ser utilizados correctamente.

4. Modelado

Selección y aplicación de algoritmos de IA o métodos estadísticos para extraer conocimiento de los datos.

5. Evaluación

Medición del rendimiento del modelo con métricas apropiadas para comprobar si cumple con los objetivos definidos.

6. Puesta en producción

Implementación del modelo en un entorno real donde se pueda utilizar de forma continua y eficiente.

1. Definición del problema

Todo arranca con una necesidad concreta. En una empresa, puede ser algo como "queremos reducir los abandonos de clientes" o "necesitamos prever la demanda por regiones". El primer paso consiste en **traducir ese reto de negocio a un problema que se pueda resolver con datos**. En el ámbito del Big Data, esto implica pensar en problemas donde hay muchos datos involucrados, muchas fuentes o un volumen que no se puede gestionar con herramientas tradicionales. Aquí ya interviene la IA si se plantea aplicar algoritmos para tomar decisiones automáticas, predecir tendencias o extraer patrones complejos.

Lo importante es empezar con una pregunta clara y útil: ¿qué queremos conseguir con los datos que tenemos (o que podemos conseguir)? Esta fase es básica para que todo el trabajo posterior tenga sentido.

2. Recogida de datos

Una vez definido el problema, hay que buscar los datos adecuados. En proyectos de Big Data, esto puede significar **integrar datos de distintas fuentes**: sensores IoT, bases de datos internas, redes sociales, registros de navegación web, logs de dispositivos, imágenes, texto… El reto aquí no es solo conseguirlos, sino organizarlos.

En IA, los datos son el "combustible" del modelo. Si son pocos, de mala calidad o sesgados, el modelo no va a aprender nada útil. Por eso, en esta etapa también se valoran aspectos como la frecuencia de actualización, la estructura de los datos (si están bien definidos o vienen sin etiquetas) y su fiabilidad.

3. Limpieza y preparación de los datos (data wrangling)

Esta es la fase donde el equipo se arremanga de verdad. En Big Data e IA, preparar los datos **ocupa buena parte del tiempo del proyecto**. Hay que corregir errores, detectar valores atípicos, homogeneizar formatos, rellenar datos perdidos o eliminar registros que no sirven. Además, con datos masivos, esto requiere técnicas de procesamiento distribuido, como Spark o Hadoop.

En el caso de la IA, si el modelo necesita datos etiquetados (aprendizaje supervisado), habrá que validarlos, y si no los hay, puede que se use aprendizaje no supervisado o se etiqueten manualmente. Aquí también se crean nuevas variables (ingeniería de características), se normalizan los datos y se dejan listos para que el modelo pueda trabajar con ellos.

4. Modelado y entrenamiento

Con los datos limpios y listos, empieza el desarrollo del modelo de IA. En función del problema, se elige el algoritmo más adecuado: regresión, árboles de decisión, redes neuronales, clustering… En Big Data, estos modelos deben poder escalar, ya que se están procesando volúmenes inmensos de datos. Por eso, muchas veces se usan bibliotecas optimizadas para datos distribuidos, como MLlib de Spark o TensorFlow distribuido.

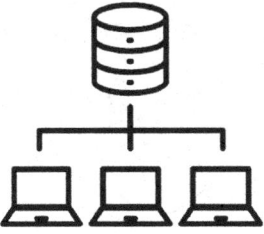

Aquí es donde la IA entra en acción: el modelo empieza a **"aprender" a partir de los datos**. El sistema reconoce patrones, encuentra relaciones y empieza a hacer predicciones. Esta fase es muy técnica, pero también creativa. Se prueban diferentes configuraciones, se ajustan parámetros, y se mide continuamente el rendimiento para ver si el modelo realmente está captando la lógica del problema.

5. Evaluación del modelo

No basta con que el modelo funcione bien con los datos que ya conoce. Hay que probar cómo responde ante datos nuevos, nunca vistos. Para eso se divide el conjunto de datos en entrenamiento y test, y se utilizan métricas como precisión, recall, F1-score, error medio, etc. En IA, esto es esencial para evitar el **sobreajuste**, que es cuando el modelo memoriza los datos en lugar de generalizar.

Además, en proyectos reales se evalúa también si el modelo **es comprensible y útil para quienes lo van a usar**. A veces, aunque el rendimiento sea bueno, el modelo no es fácil de interpretar o requiere muchos recursos para funcionar. En Big Data, esto puede significar que el sistema es demasiado lento o costoso en la nube, por lo que habrá que optimizar.

6. Puesta en producción

Una vez validado, llega la etapa en la que el modelo **sale del laboratorio** y se integra en el entorno real: una web, una app, un sistema interno de la empresa, una API, etc. En Big Data, esto implica que el modelo debe ser capaz de recibir nuevos datos constantemente, procesarlos en tiempo real (o casi), y dar respuestas fiables. Esto es lo que se llama "despliegue en producción".

Aquí también se instalan sistemas de **monitorización**, para ver cómo se comporta el modelo en la práctica. ¿Está acertando? ¿Está empeorando con el tiempo? ¿Se ha desactualizado? La IA no es mágica: hay que seguir cuidándola. En Big Data esto se llama "mantenimiento del pipeline", es decir, asegurarse de que todo el flujo de datos sigue funcionando correctamente.

Ejemplo

ElenGroceries (Supermercado y previsión de demanda)

1. Definición del problema:

La cadena de supermercados ElenGroceries, con tiendas en toda España, quiere reducir el desperdicio de frutas y verduras frescas. Cada semana tiran toneladas de productos por exceso de stock. ¿Cómo pueden prever mejor cuánta cantidad necesita cada tienda? El reto se traduce a una necesidad clara de predicción de la demanda, basada en muchos factores como clima, eventos locales, historial de ventas o promociones activas.

2. Recogida de datos:

Empiezan recolectando información de tickets de compra, sensores de temperatura en las cámaras, registros meteorológicos y campañas de marketing pasadas. Al ser Big Data, manejan millones de registros por semana.

3. Limpieza y preparación:

Encuentran errores en las fechas, duplicados y tiendas que no han subido bien sus ventas. Unifican formatos, rellenan huecos y crean variables como "temperatura media de la semana" o "fiestas locales" para enriquecer el modelo.

4. Modelado:

Entrenan un modelo de predicción con IA, usando redes neuronales recurrentes (LSTM), capaces de captar patrones temporales. El sistema aprende qué productos se venden más si hace calor o si hay festivos cerca.

5. Evaluación:

Se analiza si el modelo predice bien en semanas nuevas. Logran reducir el margen de error al 6%, lo que supone ahorrar miles de euros en producto no vendido.

6. Puesta en producción:

Integran el sistema en la plataforma interna. Cada lunes, el algoritmo sugiere a cada tienda cuánto debe pedir. Además, si hay olas de calor o eventos inesperados, se recalculan las recomendaciones en tiempo real.

NimFleet (Logística y mantenimiento predictivo)

1. Definición del problema:

NimFleet, una empresa de transporte de mercancías refrigeradas, tiene muchos gastos por averías inesperadas en sus camiones. ¿Se puede predecir cuándo fallará un motor? El problema se plantea como un modelo de predicción de fallos mecánicos.

2. Recogida de datos:

Cada camión lleva sensores conectados que registran datos como temperatura del motor, presión del aceite, vibraciones y kilómetros recorridos. También se incluyen datos históricos de averías.

3. Limpieza y preparación:

Se detectan valores fuera de rango (fallos de sensor), y registros incompletos. Se eliminan los días en los que el sistema estuvo apagado y se construyen variables derivadas como "uso intensivo en las últimas 48h".

4. Modelado:

Se usa un algoritmo de clasificación (como Random Forest o Gradient Boosting) que aprende a detectar señales tempranas de avería. El modelo identifica patrones en las curvas de temperatura o presión previas a una rotura.

5. Evaluación:

Se prueba con flotas que no participaron en el entrenamiento. El modelo acierta en el 87% de los casos y reduce los fallos imprevistos en un 30%.

6. Puesta en producción:

El sistema se conecta con el software de planificación de rutas. Si un camión muestra señales de alerta, se agenda una revisión preventiva sin esperar a que falle en carretera.

Lórien Health (Hospital y predicción de urgencias)

1. Definición del problema:

Lórien Health, un hospital comarcal, sufre colapsos puntuales en urgencias, sobre todo en épocas de gripe. El objetivo: prever con antelación la afluencia de pacientes y así ajustar turnos médicos.

2. Recogida de datos:

Recopilan historiales de entradas a urgencias, datos de clima (temperatura, lluvias), alertas epidemiológicas y eventos deportivos o culturales que puedan influir en la asistencia.

3. Limpieza y preparación:

Eliminan entradas duplicadas, cruzan datos meteorológicos con zonas de referencia y transforman las fechas en variables útiles como "día de la semana" o "semana del año".

4. Modelado:

Se usa una red neuronal con memoria (LSTM), entrenada para reconocer ciclos y patrones. Por ejemplo, el modelo detecta que tras un puente largo, las urgencias se llenan más.

5. Evaluación:

En pruebas, el modelo anticipa con hasta 3 días de antelación si habrá saturación. Su precisión mejora un 20% respecto al sistema anterior basado solo en medias históricas.

6. Puesta en producción:

El hospital automatiza la planificación de personal según la predicción diaria. Incluso reciben alertas en el móvil si se espera un pico alto. Mejora la atención y baja el estrés del personal.

Thalmar Market (Marketplace y clasificación automática)

1. Definición del problema:

Thalmar Market, un marketplace tipo Wallapop, recibe miles de productos nuevos cada día. Muchos están mal clasificados por los usuarios. Quieren automatizar esta clasificación con IA.

2. Recogida de datos:

Recolectan descripciones, títulos, imágenes y categoría asignada por el usuario. También capturan clics y búsquedas posteriores para saber si esa clasificación fue útil o no.

3. Limpieza y preparación:

Normalizan textos, eliminan palabras vacías y limpian imágenes borrosas. Además, corrigen categorías evidentes (como "móvil" en "ropa") para mejorar el entrenamiento.

4. Modelado:

Usan un modelo multietiqueta basado en NLP (transformers como BERT) junto a una CNN que analiza las imágenes. El modelo propone automáticamente la categoría adecuada al subir un producto.

5. Evaluación:

El sistema se compara con clasificaciones humanas. Alcanza un 92% de precisión y mejora la navegación en la web. Menos usuarios se pierden y sube la tasa de compra.

6. Puesta en producción:

Cada vez que alguien sube un producto, la IA sugiere la categoría más adecuada. Si el usuario quiere cambiarla, el sistema lo registra para seguir aprendiendo.

MinyarBank (Banca y scoring crediticio)

1. Definición del problema:

MinyarBank quiere mejorar su sistema de evaluación crediticia. El modelo actual deja fuera a buenos clientes por usar reglas demasiado rígidas. El nuevo objetivo **es identificar mejor quién puede recibir un préstamo sin aumentar los impagos.**

2. Recogida de datos:

Usan información financiera del cliente, historial de pagos, empleo, uso de tarjetas y datos externos como redes sociales o comportamiento de navegación en la app.

3. Limpieza y preparación:

Se filtran registros incompletos, se corrigen ingresos mal introducidos y se agrupan clientes similares. Se crean variables nuevas como "proporción de deuda sobre ingreso" o "variación mensual del saldo".

4. Modelado:

Se entrena un modelo de scoring con técnicas de IA como XGBoost, que combina árboles de decisión con capacidades avanzadas de aprendizaje. También se incluyen herramientas de explainability (como SHAP) para saber qué influye más en la decisión.

5. Evaluación:

El nuevo modelo mejora en un 15% la tasa de aciertos, reduce los falsos negativos (clientes rechazados que sí pagan) y pasa la auditoría regulatoria.

6. Puesta en producción:

Cada vez que un usuario solicita un préstamo desde la app, el modelo da una decisión instantánea. Si hay dudas, se pasa a un analista. Se hace seguimiento continuo del modelo para detectar posibles sesgos o desviaciones.

3.9 PRUEBA DE AUTOEVALUACIÓN DEL CAPÍTULO

1. ¿Qué lenguaje se utiliza con PySpark?

   a) Java

   b) Python

   c) Scala

   d) SQL

2. ¿Cuál es una característica destacada de Scala?

   a) Solo permite programación imperativa

   b) Es lento pero fácil

   c) Combina programación funcional y orientada a objetos

   d) Solo sirve para gráficos

3. ¿Qué lenguaje es más usado para consultas sobre datos estructurados?

   a) Java

   b) Python

   c) R

   d) SQL

4. ¿Qué lenguaje tiene librerías como NumPy y Pandas?

   a) Scala

   b) SQL

   c) Python

   d) Java

5. ¿Cuál es una ventaja de usar R?

   a) Tiene una comunidad pequeña

   b) Ideal para tareas web

   c) Está especializado en análisis estadístico

   d) No permite visualizaciones

6. ¿Qué lenguaje se suele usar con Apache Spark además de Scala?

a) Java

b) R

c) HTML

d) PHP

7. ¿Qué lenguaje destaca por su legibilidad y facilidad de aprendizaje?

a) Java

b) Python

c) Scala

d) C++

8. ¿Qué librería de Python se usa para machine learning?

a) Pandas

b) Matplotlib

c) Scikit-learn

d) Flask

9. ¿Cuál es una ventaja de SQL en el entorno Big Data?

a) Es compatible con Spark SQL

b) Solo funciona en Excel

c) No necesita datos

d) Solo sirve para análisis financiero

10. ¿Qué lenguaje se creó pensando en análisis estadístico desde el principio?

a) SQL

b) Python

c) R

d) Scala

Respuestas correctas

1. b

2. c

3. d

4. c

5. c

6. a

7. b

8. c

9. a

10. c

4

ADQUISICIÓN DE UNA VISIÓN TRASVERSAL SOBRE EL FUTURO DEL BIG DATA Y CÓMO SE APLICA ACTUALMENTE EN DIFERENTES ÁREAS

El último capítulo amplía la mirada para mostrar cómo el Big Data ya se está utilizando en distintos ámbitos de la sociedad. Se exploran ejemplos reales en la administración pública, en empresas y en proyectos sociales donde los datos ayudan a mejorar la vida de las personas o hacer más eficientes los servicios.

Además, se plantea una reflexión sobre el futuro: qué oportunidades y retos plantea el uso masivo de datos, cómo puede afectar a la vida cotidiana o al empleo, y qué papel debe jugar la ética en todo esto. Porque entender el Big Data no es solo una cuestión técnica, también es una cuestión de visión y responsabilidad.

4.1 EJEMPLOS EN LAS INSTITUCIONES PÚBLICAS: OPENDATA

El concepto de **Open Data**, o datos abiertos, se basa en una idea sencilla pero muy potente: que los **datos generados por instituciones públicas estén disponibles para que cualquiera los pueda consultar, usar o reutilizar libremente**. Estos datos son públicos por naturaleza, ya que se han generado o recopilados con recursos del Estado, y su apertura permite que ciudadanos, empresas, periodistas, investigadores y desarrolladores puedan acceder a ellos sin restricciones innecesarias.

Este enfoque tiene **varios beneficios directos**. Por un lado, fomenta la **transparencia**, ya que los ciudadanos pueden consultar cómo se gastan los presupuestos, cómo evolucionan los indicadores de calidad del aire o cuáles son las estadísticas reales de empleo. También favorece la **participación ciudadana**, porque al tener acceso a la información, las personas pueden proponer mejoras, detectar errores o participar en debates públicos con más argumentos. Además, permite que se desarrollen **servicios innovadores** basados en esos datos, como aplicaciones móviles, visualizaciones interactivas o herramientas para facilitar trámites administrativos.

Los **tipos de datos que se publican en formato abierto son muy variados**. Pueden ir desde horarios y rutas del transporte público hasta información presupuestaria, indicadores de contaminación, datos meteorológicos, estadísticas sanitarias o registros escolares. Cuanto más detallados y actualizados estén, más posibilidades ofrecen. Por ejemplo, un emprendedor puede usar datos de movilidad para diseñar una app de transporte urbano eficiente, o una organización medioambiental puede analizar la evolución de los niveles de CO_2 en una ciudad a lo largo del tiempo.

En España, uno de los principales referentes es **Datos.gob.es**, que actúa como el **catálogo nacional de datos abiertos**. Desde esta plataforma se puede acceder a miles de conjuntos de datos publicados por distintos organismos: ministerios, comunidades autónomas, ayuntamientos, etc. También hay muchos municipios que han creado sus propios portales de Open Data. Algunos ayuntamientos, por ejemplo, publican datos de movilidad ciudadana que se utilizan para **gestionar mejor el tráfico**, rediseñar líneas de autobús o fomentar el uso de la bicicleta. Además, periodistas especializados en datos han creado reportajes de gran impacto usando esta información, mostrando casos de desigualdad, corrupción o ineficiencia en los servicios públicos.

Eso sí, poner en marcha políticas de datos abiertos conlleva **ciertos retos**. Uno de ellos es la **actualización periódica** de los datos. Publicar un conjunto interesante una vez no es suficiente si luego se queda desactualizado. También es importante que los datos estén en formatos accesibles y reutilizables, no en PDFs escaneados o documentos cerrados. Y, por supuesto, hay que trabajar en la **formación y alfabetización digital**, ya que tener los datos disponibles no garantiza que todo el mundo sepa cómo interpretarlos o aprovecharlos.

El Open Data permite **convertir los datos públicos en una herramienta útil para toda la sociedad**. Facilita el control ciudadano, mejora la gestión de los servicios y abre la puerta a la innovación basada en información real. Pero para que funcione de verdad, hace falta compromiso institucional, actualización constante y una comunidad activa que sepa cómo transformar esos datos en conocimiento y acción.

ⓘ Nota

Actualmente, en España hay disponibles 92.380 conjuntos de datos públicos y más de 500.000 distribuciones, accesibles a través del catálogo nacional de datos abiertos. Además, existen 286 iniciativas de datos abiertos activas en todo el país, distribuidas entre distintas administraciones: 41 del Estado, 20 autonómicas, 210 locales, 14 de universidades y 1 de otras instituciones. Esta red permite consultar y reutilizar información sobre todo tipo de temas, promoviendo la transparencia y el desarrollo de soluciones basadas en datos.

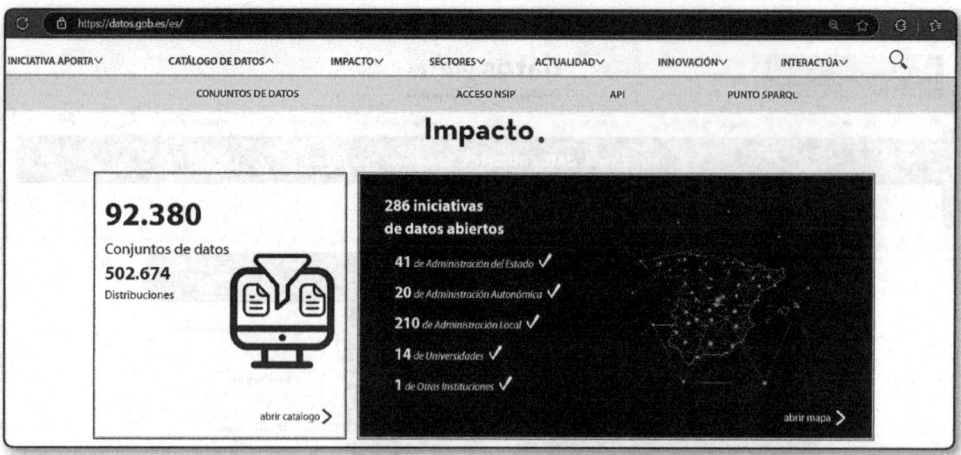

Un aspecto interesante del **Open Data** es que no siempre requiere grandes inversiones tecnológicas para empezar a funcionar. A menudo, los datos ya existen dentro de las administraciones: están en bases de datos internas, informes estadísticos, hojas de cálculo o sistemas de gestión. El verdadero paso está en organizarlos, darles un formato adecuado (como CSV, JSON o XML) y ponerlos a disposición del público en plataformas accesibles. Incluso los conjuntos más sencillos pueden tener mucho valor si están bien documentados y actualizados.

Además, el uso de datos abiertos **fomenta la colaboración entre instituciones y entre la administración y la ciudadanía**. Por ejemplo, algunos ayuntamientos organizan hackatones o concursos de ideas para que estudiantes, programadores o diseñadores propongan soluciones usando los datos abiertos de la ciudad. Esto no solo ayuda a encontrar nuevas formas de aprovechar esa información, sino que también crea comunidad y pone a los datos al servicio de las necesidades reales de las personas.

Otro punto a tener en cuenta es la **interoperabilidad**, es decir, que los datos de diferentes organismos puedan combinarse entre sí. Por ejemplo, si los datos de movilidad urbana se pueden cruzar con los de calidad del aire, es posible diseñar rutas más saludables para los peatones o proponer medidas más eficaces para reducir la contaminación. Para esto, es importante que se usen estándares comunes y que los datos incluyan metadatos bien definidos (información sobre cómo están organizados, de dónde vienen y cómo deben interpretarse).

También hay iniciativas internacionales que apoyan el desarrollo del Open Data. Organizaciones como la **Open Data Charter** o la **Open Knowledge Foundation** promueven principios comunes para garantizar que los datos públicos realmente sean abiertos, útiles y de calidad. Y la Unión Europea, a través de programas como **EU Open Data Portal**, facilita el acceso a datos de todos los países miembros y fomenta políticas coordinadas en este ámbito.

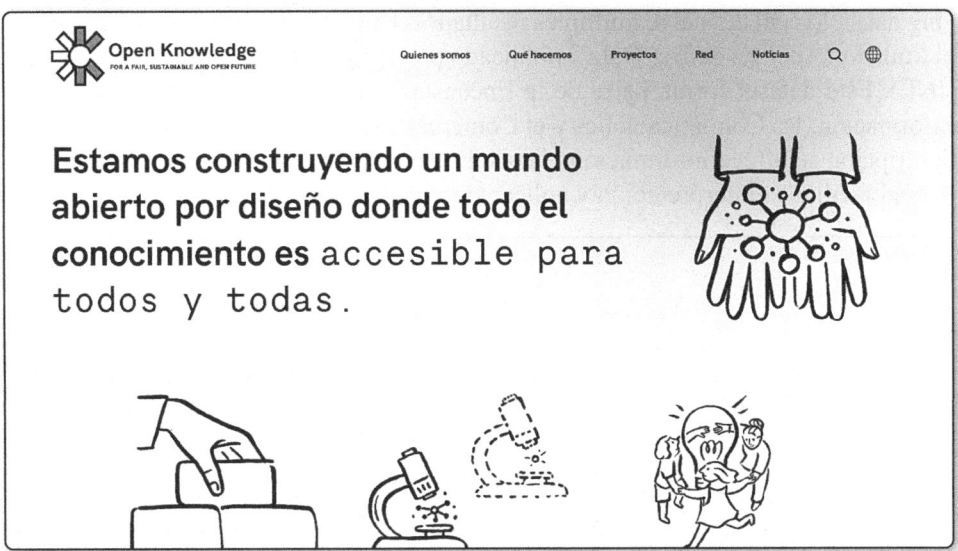

Abrir los datos públicos no es solo una cuestión técnica, también tiene que ver con cultura institucional, voluntad política y compromiso con la mejora del servicio público. Cuando se hace bien, el Open Data actúa como un catalizador para la transparencia, la innovación y la eficiencia. Y aunque todavía hay mucho por mejorar en cuanto a frecuencia de actualización, calidad de los conjuntos y alfabetización en datos, cada vez hay más ejemplos de cómo esta práctica puede generar un impacto real en la vida de las personas.

Desde saber en qué se gasta el presupuesto de tu ciudad hasta desarrollar una app que ayude a moverse mejor por el transporte público, los datos abiertos permiten **transformar la información pública en valor compartido**, accesible para cualquiera que tenga una idea y quiera llevarla a cabo. Y esa capacidad de reutilización libre es precisamente lo que convierte al Open Data en una palanca para el cambio.

Saber más...

Para utilizar un conjunto de datos de la plataforma https://datos.gob.es/es/catalogo en Power BI, se puede seguir el siguiente procedimiento:

Acceso al conjunto de datos

Desde el catálogo de datos del portal, se realiza una búsqueda con el término "big data", lo cual devuelve múltiples resultados. Uno de los conjuntos destacados es el titulado "Análisis de Big Data", publicado por el Instituto Nacional de Estadística (INE). Este dataset forma parte de la Encuesta sobre el Uso de Tecnologías de la Información, las Comunicaciones y el Comercio Electrónico en las Empresas. En la descripción se ofrece información clara sobre el contenido y el origen del conjunto, lo cual facilita su interpretación y aplicación posterior.

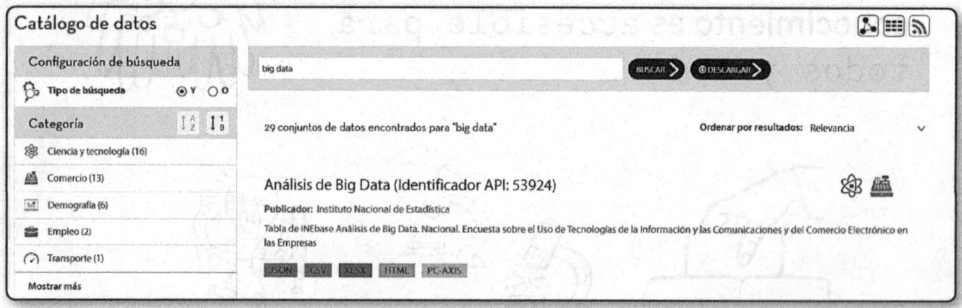

Elección del formato de descarga

El portal ofrece varias opciones de descarga en diferentes formatos: JSON, CSV, XLSX, HTML y PC-AXIS. Para trabajar cómodamente con Power BI, se recomienda seleccionar el archivo en formato CSV o XLSX, ya que son compatibles directamente con la herramienta y permiten una carga sencilla. Al hacer clic sobre uno de estos formatos, se inicia la descarga del fichero de datos correspondiente.

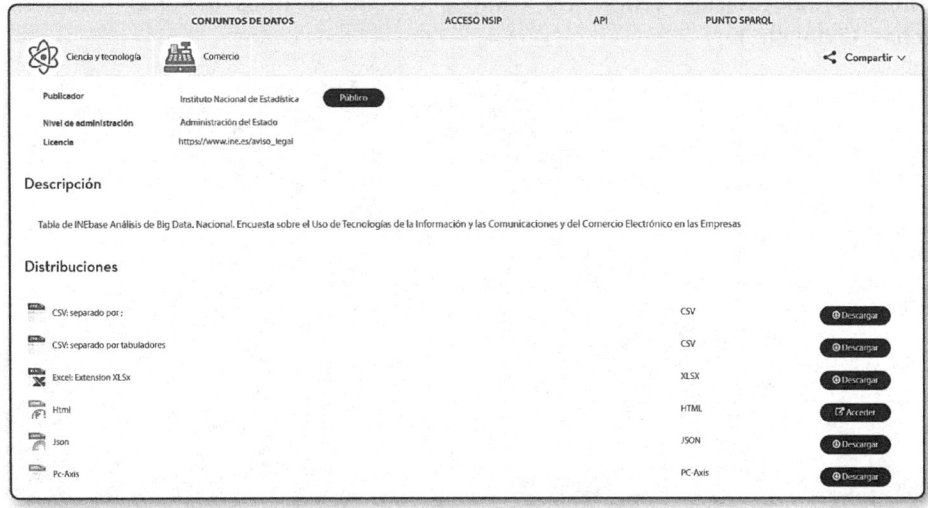

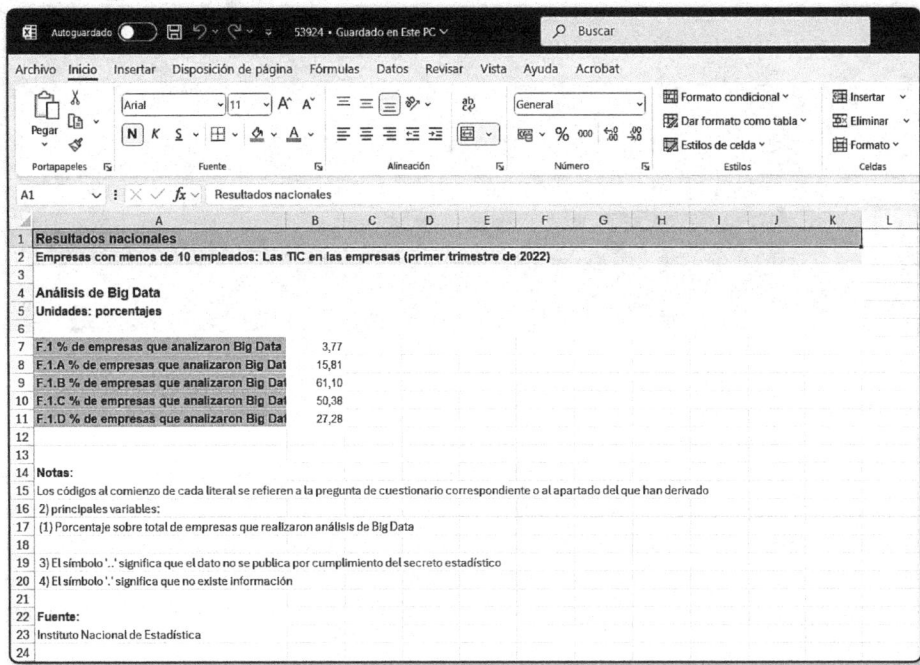

Importación del conjunto en Power BI Desktop

Con Power BI Desktop abierto, en la vista de inicio se selecciona la opción "Importar datos de Excel" si se ha descargado un archivo .xlsx, o bien "Texto/CSV" si se trata de un archivo .csv. Tras seleccionar el archivo local desde el equipo, Power BI muestra una vista previa de los datos. Desde ahí se puede cargar directamente el conjunto o, si es necesario, realizar transformaciones básicas como eliminar columnas innecesarias, renombrar campos o cambiar tipos de datos (números, fechas, texto, etc.).

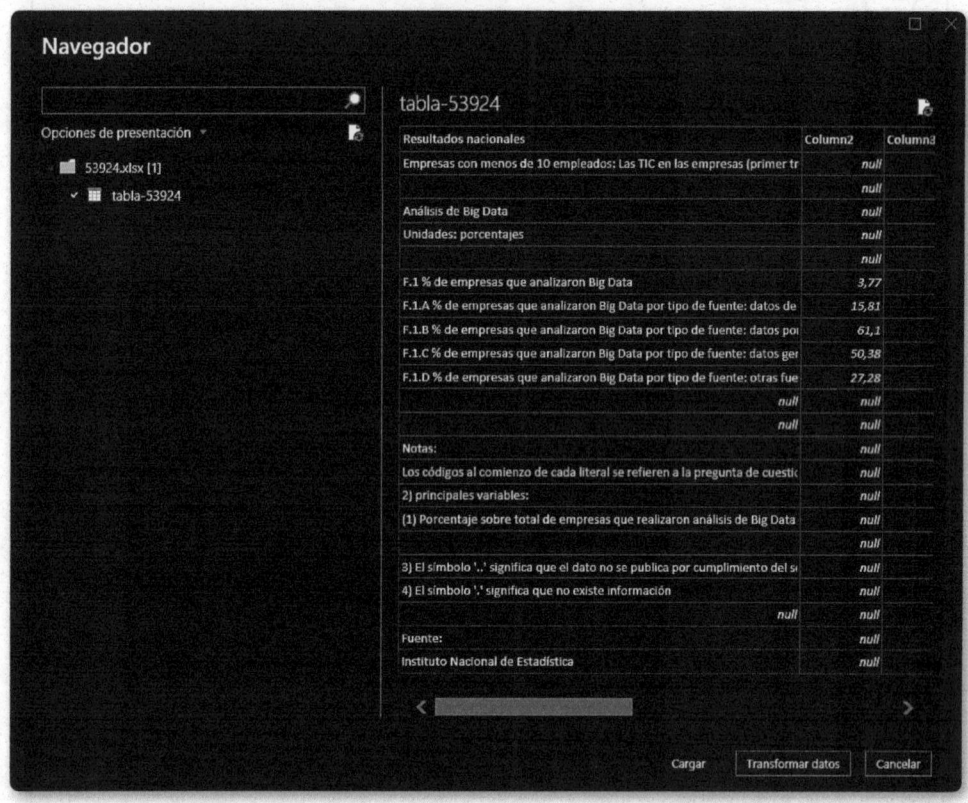

Creación del informe

Una vez cargados los datos, se puede comenzar a diseñar un informe personalizado dentro del área de trabajo de Power BI. En el panel derecho aparecen los campos disponibles del conjunto de datos. Se pueden arrastrar a las áreas de visualización para crear gráficas, tablas, tarjetas de resumen, mapas y más. Además, se pueden aplicar filtros, crear segmentadores o calcular nuevos indicadores mediante fórmulas DAX.

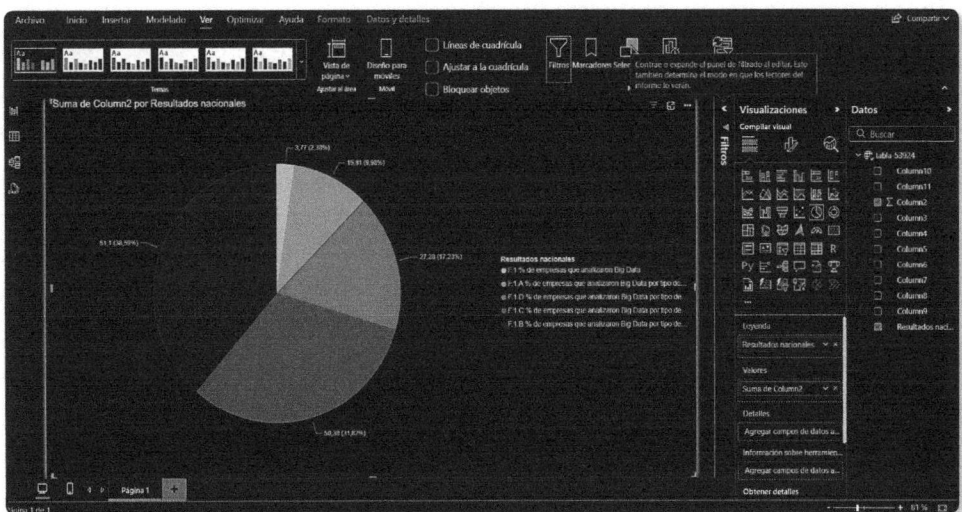

Con este conjunto de datos del INE sobre big data, es posible analizar tendencias en el uso de tecnologías digitales por parte de las empresas españolas, comparar resultados por sector, tamaño de empresa o comunidad autónoma, y visualizar la evolución a lo largo de los años. Todo esto permite generar informes dinámicos que apoyen la toma de decisiones o el desarrollo de investigaciones.

4.2 EJEMPLOS EN EL MUNDO EMPRESARIAL: EJEMPLOS DE APLICABILIDAD DEL BIG DATA A LA EFICIENCIA DE LAS OPERACIONES DE UNA COMPAÑÍA

En el mundo empresarial, el **Big Data se ha convertido en una herramienta clave para optimizar procesos y tomar decisiones más ajustadas a la realidad**. Gracias a la posibilidad de recopilar y analizar grandes cantidades de datos, muchas compañías han logrado **mejorar su eficiencia operativa, reducir costes innecesarios y entender mucho mejor a sus clientes**. No se trata solo de tecnología, sino de una nueva forma de trabajar basada en el uso inteligente de la información.

Uno de los campos donde más se nota su impacto es en la **logística**. Las empresas que gestionan grandes cadenas de suministro pueden analizar datos en tiempo real para elegir rutas más rápidas, prever la demanda en distintas zonas y ajustar sus niveles de inventario. Esto se traduce en menos gastos de transporte, menos productos caducados o sin vender, y una mejor experiencia para el cliente, que recibe lo que necesita en el momento adecuado. Empresas de reparto, supermercados o plataformas de comercio electrónico ya utilizan estos sistemas para planificar cada movimiento con más precisión.

Aplicación específica	Beneficio
Optimización de rutas de reparto	Reducción de tiempos y costes de entrega
Predicción de demanda por zona	Mejor planificación de producción y envíos
Gestión dinámica del inventario	Ahorro en almacenamiento y reducción de desperdicio
Mantenimiento predictivo de flotas	Evita paradas imprevistas y reduce costes de mantenimiento
Seguimiento en tiempo real de envíos	Mayor transparencia y confianza del cliente
Control de temperatura en transporte refrigerado	Evita pérdidas por rotura de cadena de frío
Asignación automática de pedidos a vehículos	Mejora la eficiencia del transporte
Estimación de tiempos de entrega en tiempo real	Información precisa para el cliente y el operador
Análisis de cuellos de botella en almacenes	Incremento en la productividad del almacén
Automatización del reabastecimiento	Evita faltantes y exceso de stock
Monitoreo de condiciones del tráfico	Reducción de retrasos
Planificación de turnos logísticos	Ajuste de personal en función de la actividad real
Análisis de costes de transporte	Identificación de áreas de mejora en el transporte
Optimización del uso de espacio en almacenes	Mejor aprovechamiento de los recursos
Control de calidad en la recepción de mercancías	Menos errores y tiempos de espera
Priorización de entregas urgentes	Entregas más eficientes y satisfacción del cliente
Análisis de devoluciones por zona y producto	Mejor logística inversa y atención al cliente
Evaluación de proveedores logísticos	Toma de decisiones basada en datos objetivos
Gestión de la última milla	Entrega más eficiente en zonas urbanas
Predicción de rotura de stock	Evita quiebres en la cadena de suministro
Detección de anomalías en el transporte	Mayor seguridad y control operacional
Simulación de escenarios logísticos	Evaluación de decisiones antes de ejecutarlas
Seguimiento de KPI logísticos	Seguimiento continuo del rendimiento
Visualización de rutas y tiempos	Facilita la planificación geográfica

Aplicación específica	Beneficio
Integración de datos IoT en logística	Mejor monitoreo de condiciones en tiempo real
Optimización del embalaje según el pedido	Reducción de material y costes logísticos
Agrupación inteligente de pedidos	Entregas más ágiles y eficientes
Análisis de impacto climático en transporte	Prevención de riesgos ante fenómenos climáticos
Control de huella de carbono en distribución	Reducción del impacto ambiental
Automatización de inventarios con visión artificial	Inventario actualizado de forma automática

En **marketing**, el Big Data permite ir mucho más allá del "mismo anuncio para todos". Al analizar el comportamiento de los usuarios en webs, redes sociales o tiendas físicas, las empresas pueden crear **segmentos de clientes mucho más definidos** y lanzar campañas más personalizadas. Esto se traduce en más impacto con menos inversión. Por ejemplo, una empresa puede detectar que ciertos usuarios compran más por la tarde desde el móvil y enviarles promociones a esa hora y por ese canal. Además, pueden identificar a tiempo cuándo un cliente está dejando de interactuar con la marca y actuar antes de perderlo.

Aplicación específica	Beneficio
Segmentación avanzada de clientes	Campañas más eficaces y dirigidas
Personalización de campañas publicitarias	Mayor tasa de conversión
Análisis de sentimiento en redes sociales	Entender mejor la percepción de la marca
Predicción de comportamiento del consumidor	Anticipar decisiones de compra
Automatización de marketing digital	Ahorro de tiempo y mayor precisión
Optimización de campañas de email marketing	Mejor rendimiento de correos enviados
Evaluación del rendimiento de anuncios	Decisiones más acertadas en inversión publicitaria
Recomendación de productos	Aumento del ticket medio por usuario
Análisis de embudos de conversión	Detección de fallos en el proceso de compra
Detección de abandono del carrito	Recuperación de ventas perdidas
Análisis de lifetime value del cliente	Mejor estrategia de fidelización
Creación de perfiles de cliente ideales	Enfoque de marketing más efectivo
Análisis de contenido más efectivo	Contenido alineado con intereses del público
Testing A/B automatizado	Mejora continua con resultados basados en datos
Análisis de competencia online	Estrategias más competitivas
Seguimiento del customer journey	Identificación de puntos críticos del cliente
Predicción de churn (fuga de clientes)	Reducción de pérdida de clientes
Monitorización de reputación online	Prevención de crisis de imagen
Análisis de tendencias de mercado	Adaptación a cambios en el consumidor
Optimización del SEO con datos	Mejor posicionamiento en buscadores
Segmentación geográfica inteligente	Campañas localizadas y efectivas
Evaluación de campañas en tiempo real	Ajuste inmediato según resultados
Ajuste de precios dinámico	Precios más atractivos según demanda
Análisis de clics y comportamiento en web	Mejora de la experiencia del usuario
Gestión de leads basada en scoring	Priorización de contactos más valiosos
Visualización de KPIs de marketing	Seguimiento fácil del impacto comercial
Integración de canales de comunicación	Comunicación más coherente y fluida
Medición de impacto en redes sociales	Evaluación real del alcance social
Identificación de influencers clave	Mayor alcance en nichos relevantes
Análisis de patrones de compra por temporada	Campañas temporales mejor diseñadas

Los **departamentos de recursos humanos** también han empezado a aprovechar el potencial del Big Data. A través del análisis de datos internos, como evaluaciones de rendimiento, ausencias o encuestas de clima laboral, es posible detectar patrones que antes pasaban desapercibidos. Esto puede servir, por ejemplo, para **prever qué trabajadores están en riesgo de dejar la empresa** o qué equipos tienen una carga excesiva de trabajo. Así, se pueden tomar decisiones más ajustadas sobre contrataciones, promociones o planes de formación.

Aplicación específica	Beneficio
Análisis de rotación de empleados	Reducción de costes por rotación
Predicción de abandono del puesto	Actuación anticipada ante pérdidas de talento
Medición del clima laboral	Entorno laboral más saludable
Optimización del proceso de selección	Procesos de selección más eficaces
Detección de talento interno	Promoción más justa y efectiva
Análisis de desempeño individual y por equipo	Mejor toma de decisiones sobre rendimiento
Automatización de cribado de currículums	Ahorro de tiempo y mayor objetividad

Gestión de formación personalizada	Desarrollo adaptado a cada perfil
Evaluación de competencias	Contrataciones mejor alineadas con el rol
Seguimiento de productividad	Control real del rendimiento diario
Gestión de absentismo	Reducción de bajas innecesarias
Planificación de recursos humanos	Cobertura más ajustada de puestos
Análisis de diversidad e inclusión	Entorno más equitativo e inclusivo
Evaluación de entrevistas con IA	Evaluaciones más objetivas y rápidas
Optimización de estructuras salariales	Estructuras más competitivas
Diseño de planes de carrera	Crecimiento profesional planificado
Medición del impacto de programas de bienestar	Programas más eficientes y medibles
Análisis de feedback interno	Escucha activa de los equipos
Detección de burnout o fatiga laboral	Prevención de problemas de salud laboral
Seguimiento del onboarding	Adaptación más rápida del nuevo personal
Análisis de eficiencia de equipos remotos	Gestión eficaz del trabajo a distancia
Monitorización de tiempos de respuesta en tareas	Mayor eficiencia operativa
Identificación de líderes informales	Mejora del clima organizacional
Predicción de necesidades de contratación	Contratación más proactiva
Evaluación de clima post-cambio organizacional	Análisis del impacto de cambios internos
Personalización de beneficios sociales	Mayor satisfacción y fidelización
Segmentación de empleados por perfil	Estrategias diferenciadas por colectivo
Evaluación continua del rendimiento	Mayor objetividad en evaluaciones
Detección de brechas de habilidades	Programas de formación más efectivos
Visualización de KPIs de RRHH	Toma de decisiones basada en datos

Otro ejemplo potente es el del **mantenimiento predictivo**, muy presente en fábricas y entornos industriales. Equipos y máquinas que antes se revisaban de forma periódica —aunque funcionaran bien— ahora pueden monitorizarse constantemente mediante sensores. Esto permite **anticiparse a posibles fallos** y hacer las reparaciones justo cuando se necesitan, evitando paradas imprevistas que suelen ser costosas y problemáticas.

Aplicación específica	Beneficio
Detección anticipada de fallos mecánicos	Evita fallos imprevistos
Monitoreo de vibraciones en maquinaria	Previene daños graves por vibraciones
Análisis de temperatura de equipos	Controla el sobrecalentamiento a tiempo
Evaluación del estado de rodamientos	Mejora la fiabilidad del sistema
Seguimiento de consumo energético anómalo	Reduce el desperdicio de energía
Detección de desgaste en piezas móviles	Evita roturas y pérdidas de producción
Análisis de datos históricos de mantenimiento	Optimiza decisiones de mantenimiento
Predicción de averías en ascensores	Aumenta la seguridad en entornos urbanos
Monitoreo de presión en sistemas hidráulicos	Previene daños en sistemas hidráulicos
Gestión del ciclo de vida de los activos	Extiende la vida útil del equipo

© RA-MA

Aplicación específica	Beneficio
Control de humedad en equipos electrónicos	Evita fallos por condensación
Detección de desequilibrio en motores	Mejora la eficiencia de los motores
Evaluación de patrones de fallo repetitivos	Identifica problemas crónicos
Alertas automáticas por sensores IoT	Reduce tiempos de respuesta
Análisis de aceite lubricante	Previene desgaste prematuro
Detección de sobrecalentamientos	Protege equipos eléctricos sensibles
Análisis del uso real frente al estimado	Corrige desviaciones en el uso
Gestión de mantenimiento basado en condición	Reduce mantenimiento innecesario
Planificación de intervenciones técnicas	Mejora la asignación de recursos
Identificación de equipos críticos	Previene fallos en áreas clave
Optimización de recambios y repuestos	Minimiza inventarios de repuestos
Análisis de tiempos de parada no programados	Reduce tiempos muertos
Control de estabilidad estructural	Evita daños estructurales
Estimación de vida útil de componentes	Mejora la planificación de sustituciones
Detección de fugas en sistemas de fluidos	Aumenta eficiencia y seguridad
Supervisión remota de maquinaria	Permite mantenimiento a distancia
Análisis de rendimiento térmico	Ajusta parámetros de funcionamiento
Modelos predictivos basados en Machine Learning	Detecta fallos antes de que ocurran
Simulación de escenarios de fallo	Anticipa situaciones críticas
Integración de sensores con dashboards en tiempo real	Visualiza en tiempo real el estado de equipos

Para verlo con un caso concreto, imagina una **cadena de supermercados** que utiliza Big Data para gestionar su stock. Analizan el **historial de compras**, pero también incorporan **datos del clima**, **fechas especiales** (como festivos o partidos de fútbol) y **hábitos de consumo locales**. Gracias a eso, pueden prever con más acierto qué productos se van a vender más en cada tienda y en cada momento. Así, evitan quedarse sin existencias o acumular productos que no se venderán. También pueden ajustar mejor las promociones y reducir desperdicio alimentario.

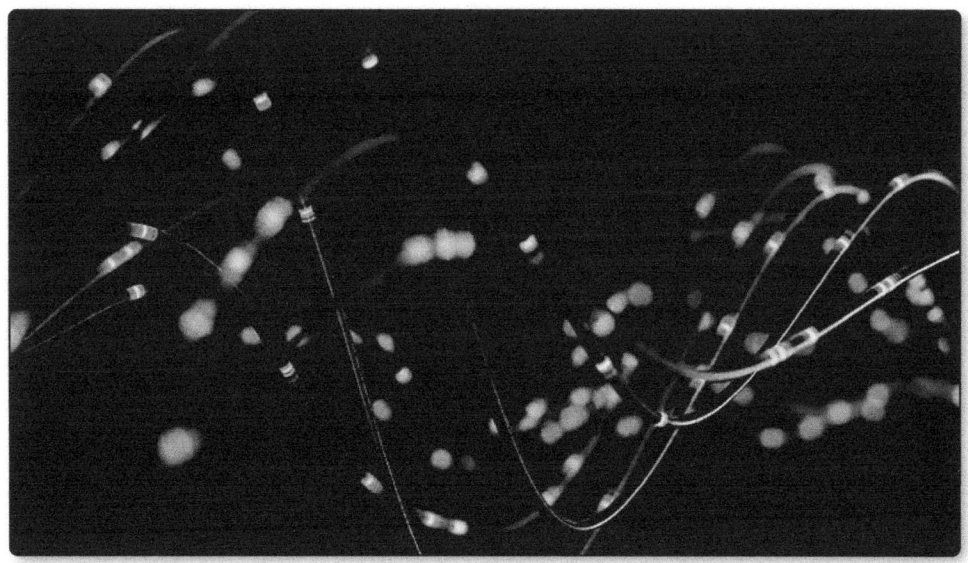

Este tipo de enfoques no están limitados a grandes multinacionales. Cada vez más, medianas y pequeñas empresas están incorporando herramientas de análisis de datos para mejorar su día a día. Lo importante no es tener millones de registros, sino saber qué información es útil, cómo analizarla y cómo aplicarla para **tomar mejores decisiones, con menos margen de error y más impacto real**. El Big Data, bien aplicado, se convierte en una palanca para que las empresas sean más competitivas, más ágiles y conectadas con lo que su entorno necesita.

4.3 "DATA FOR GOOD": BIG DATA PARA EL BIEN SOCIAL

El concepto de **"Data for Good"** nace de una idea sencilla: utilizar el análisis de datos con el objetivo de **mejorar la vida de las personas y generar un impacto social positivo**. A diferencia de los usos comerciales o empresariales, aquí el foco está en resolver problemas colectivos, reducir desigualdades o responder mejor ante situaciones de emergencia. Gracias al Big Data, hoy es posible tener una mirada más amplia y rápida sobre lo que ocurre en nuestro entorno y actuar con mayor eficacia, tanto desde instituciones como desde organizaciones sin ánimo de lucro.

"DATA FOR GOOD"

Usar el análisis de datos para generar un impacto positivo en la sociedad.

SALUD PÚBLICA

El Big Data ayuda a:
- Detectar brotes de enfermedades a tiempo.
- Evaluar campañas de vacunación.
- Prever necesidades sanitarias en zonas concretas.

EDUCACIÓN

Se usa para:
- Personalizar el aprendizaje según el ritmo del alumno.
- Detectar riesgo de abandono escolar.
- Medir qué estrategias educativas funcionan mejor.

MEDIO AMBIENTE

El análisis de datos permite:
- Medir calidad del aire.
- Detectar incendios forestales.
- Vigilar especies en peligro.

CRISIS HUMANITARIAS

Ayuda a:
- Coordinar mejor la ayuda tras desastres.
- Priorizar zonas afectadas.
- Reducir los tiempos de respuesta.

Uno de los campos donde más se nota esta utilidad es en la **salud pública**. A través del análisis de datos de hospitales, centros de salud o incluso búsquedas en internet, se pueden **detectar brotes de enfermedades antes de que se expandan**, hacer seguimiento de campañas de vacunación o evaluar cómo evoluciona una epidemia en distintas zonas. Este tipo de información permite que los responsables sanitarios tomen decisiones mejor informadas y lleguen antes donde hace falta. También ayuda a distribuir mejor los recursos y prever necesidades futuras.

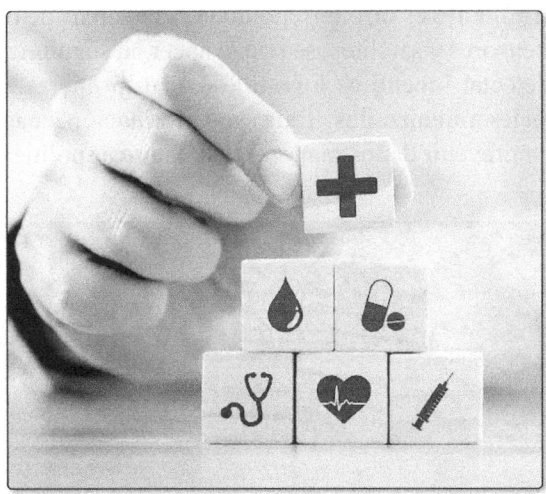

En el ámbito de la **educación**, el Big Data se aplica para entender cómo aprenden los estudiantes, qué dificultades enfrentan y qué estrategias pueden funcionar mejor. Por ejemplo, algunas plataformas digitales de aprendizaje analizan el ritmo de trabajo de cada alumno y **personalizan el contenido** para adaptarlo a su nivel. También se pueden identificar patrones que **anticipan el riesgo de abandono escolar**, lo que permite intervenir a tiempo y ofrecer apoyo a quienes más lo necesitan.

El **medio ambiente** es otro terreno donde el análisis de datos puede marcar la diferencia. Con sensores y satélites, se puede hacer un seguimiento constante de la **calidad del aire**, detectar **incendios forestales** en sus primeras fases o monitorizar la situación de **especies amenazadas**. Toda esta información, cuando se comparte en tiempo real, ayuda a prevenir daños mayores y a planificar políticas más sostenibles.

También en contextos de **crisis humanitarias**, el Big Data se ha convertido en una herramienta valiosa. Organizaciones que trabajan en zonas de conflicto o tras desastres naturales utilizan datos de múltiples fuentes para **coordinar mejor la ayuda, priorizar las zonas más afectadas y reducir los tiempos de respuesta**. Por ejemplo, tras un terremoto, se puede analizar el tráfico en redes sociales o los datos de telefonía móvil para entender dónde hay más concentración de personas o necesidades urgentes.

Existen ya **proyectos reales** que están aplicando estos enfoques con resultados muy positivos. Algunas **ONGs analizan conversaciones en redes sociales** para detectar señales de violencia o discriminación en comunidades vulnerables, y así poder actuar antes de que escale el conflicto. Iniciativas como **UN Global Pulse**, impulsada por Naciones Unidas, trabajan para anticipar **crisis alimentarias**, combinando datos meteorológicos, de cultivos, precios de mercado y movilidad de población. Google, por su parte, ha desarrollado proyectos para ayudar a predecir inundaciones o mejorar la respuesta en casos de emergencia sanitaria.

Pero este movimiento también plantea una reflexión importante: **¿cómo lograr que el uso de datos beneficie realmente a toda la sociedad?** Muchas veces, las capacidades de análisis avanzadas están concentradas en grandes empresas o instituciones con muchos recursos. Para que el enfoque "Data for Good" sea real, es necesario que el acceso a los datos, las herramientas y el conocimiento también llegue a administraciones locales, organizaciones pequeñas, escuelas, colectivos ciudadanos o investigadores independientes.

Democratizar el acceso al análisis de datos implica **formar a más personas**, compartir metodologías abiertas, publicar datos en formatos reutilizables y fomentar proyectos colaborativos. Así, más colectivos podrán plantear soluciones a problemas que les afectan directamente, desde el barrio hasta la escala global. Y es ahí donde el Big Data deja de ser solo una herramienta técnica y pasa a ser un instrumento real de transformación social.

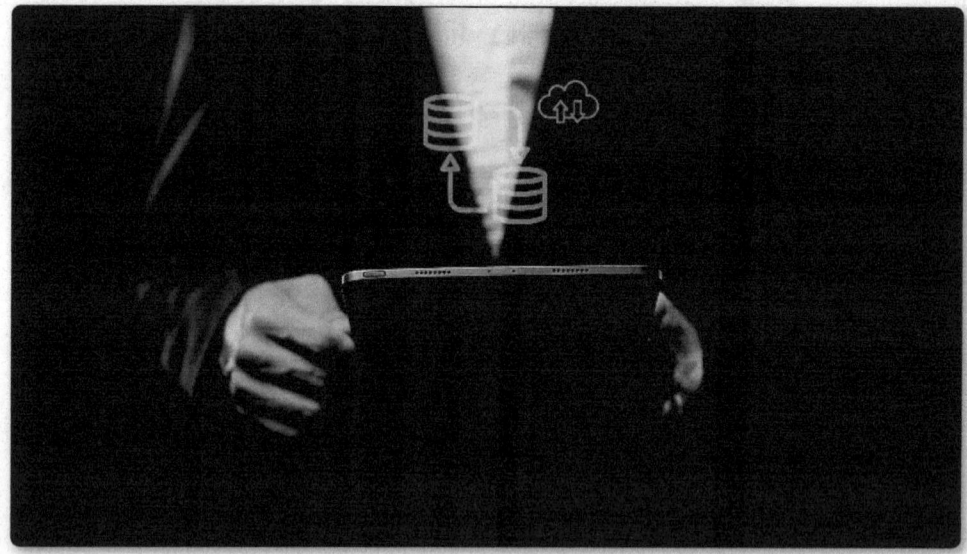

Además del acceso, también es importante hablar de la **ética en el uso de los datos para fines sociales**. No basta con tener buenas intenciones: es necesario manejar la información de forma respetuosa, **protegiendo la privacidad de las personas y garantizando la transparencia en los procesos**. Cuando se trata de datos sensibles, como los relacionados con salud, educación o movimientos migratorios, hay que tener especial cuidado en cómo se recogen, almacenan y utilizan. Un mal uso, aunque sea involuntario, puede generar desconfianza o incluso poner en riesgo a quienes deberían beneficiarse.

Por eso, muchos proyectos de "Data for Good" trabajan con enfoques abiertos y participativos. Implican a las comunidades desde el principio, explican qué datos se van a usar, con qué fines y cómo se va a garantizar la seguridad de la información. Algunos incluso crean espacios de colaboración entre técnicos y personas afectadas por los problemas que se quieren abordar, para que las soluciones que se construyan tengan sentido y utilidad real. Esa conexión entre datos y personas es lo que hace que el análisis deje de ser algo frío y se convierta en una herramienta que ayuda de forma tangible.

Saber más...

El informe Handbook – Data for Good (2024) explica con mucho detalle qué es la iniciativa Data for Good y qué herramientas ofrece para promover un cambio sostenible mediante el uso inteligente de los datos.

La idea principal de Data for Good es transformar los datos en acciones reales y medibles. No se trata simplemente de mostrar gráficos o indicadores, sino de ayudar a que organizaciones, gobiernos y ciudadanos conviertan esa información en decisiones y cambios concretos. Para ello, la plataforma proporciona paneles interactivos que permiten visualizar el impacto de proyectos sociales o ambientales, siempre alineados con los Objetivos de Desarrollo Sostenible (ODS) de la ONU

Una de las herramientas más importantes es el Project Dashboard, que permite a cualquier usuario mostrar cómo su proyecto contribuye a los ODS, a través de indicadores clave (KPI), resultados y colaboraciones. Este panel se convierte en una especie de "centro de control de misión", como lo llama la propia fundadora Kelly Ruigrok, desde donde se mide el impacto desde el inicio hasta la conclusión del proyecto

Además, existe un SDG Dashboard para organizaciones, que ayuda a mostrar públicamente su compromiso con el desarrollo sostenible, aportando claridad, transparencia y credibilidad. Esto no solo mejora su reputación, sino que les permite acceder a nuevos mercados, cumplir con normativas y atraer inversores.

Data for Good también cuenta con un sistema de verificación externa (auditoría por terceros) que garantiza que los datos aportados por los proyectos sean fiables. Esta función está pensada para combatir el "greenwashing" y asegurar que los informes de impacto sean realmente verídicos.

También es interesante ver cómo se están creando **redes internacionales y plataformas colaborativas** para facilitar este tipo de iniciativas. Por ejemplo, hay repositorios de datos abiertos dedicados exclusivamente a temas sociales, donde organizaciones de diferentes países pueden compartir sus resultados y aprender unas de otras. También hay comunidades de voluntarios especializados en análisis de datos (como DataKind o Data for Good Global) que colaboran con ONGs, ayuntamientos o entidades educativas para sacar adelante proyectos que, de otro modo, no tendrían los recursos necesarios.

DataKind®

En los próximos años, el potencial del "Data for Good" seguirá creciendo. Con más dispositivos conectados, más capacidad de procesamiento y herramientas cada vez más intuitivas, **las oportunidades para aplicar el Big Data a causas sociales se multiplican**. Pero para que ese potencial se traduzca en impacto real, es importante que la cultura del dato llegue a más rincones, que las decisiones se tomen con criterio y que se ponga siempre a las personas en el centro.

El enfoque de "Big Data para el bien social" busca resolver problemas puntuales y **cambiar la forma en que entendemos el uso de la tecnología y los datos en nuestra sociedad**. Cuando se aplican con responsabilidad y visión compartida, los datos pueden convertirse en una herramienta poderosa para reducir desigualdades, anticipar riesgos y mejorar la vida de miles de personas en ámbitos tan variados como la salud, la educación, el medio ambiente o la justicia social.

4.4 REFLEXIONES FINALES SOBRE EL IMPACTO DEL BIG DATA EN LOS AÑOS VENIDEROS

Pensar en el impacto del **Big Data en los próximos años** es mirar hacia un futuro cada vez más conectado, más automatizado y también más personalizado. La capacidad para analizar grandes cantidades de información en poco tiempo seguirá creciendo, y con ella, aparecerán **nuevas oportunidades para mejorar muchos aspectos de la vida diaria**. Una de las más claras es la **personalización de servicios**: desde recomendaciones de contenido que realmente interesen, hasta tratamientos médicos adaptados al perfil genético de cada persona. La información permitirá diseñar soluciones casi a medida, ajustadas a lo que necesita cada usuario, en el momento justo.

Otra gran ventaja del Big Data está en la **capacidad de predicción**. Gracias a modelos cada vez más precisos, se podrá anticipar el comportamiento del mercado, prever enfermedades antes de que aparezcan, detectar fraudes en tiempo real o mejorar la respuesta ante desastres naturales. La toma de decisiones se apoyará más en datos y menos en suposiciones, lo que puede marcar una diferencia importante en sectores como la salud, el transporte, la educación o las finanzas.

También se está abriendo camino una **automatización más inteligente**, en la que los sistemas no solo ejecutan tareas repetitivas, sino que ayudan a decidir qué hacer. Por ejemplo, asistentes digitales que recomiendan soluciones a un problema técnico o algoritmos que ajustan la producción de una fábrica en función de la demanda prevista. Esto puede aumentar la eficiencia y liberar tiempo para que las personas se centren en tareas más creativas o estratégicas.

Pero junto con estas oportunidades, hay también **retos importantes** que no se pueden pasar por alto. Uno de los más delicados es la **privacidad**. En un entorno donde se recogen datos casi constantemente —desde móviles, redes sociales, sensores o apps—, surge la necesidad de **proteger bien la información personal**. No se trata solo de cumplir leyes como el RGPD, sino de construir una relación de confianza entre las personas y quienes gestionan sus datos. Saber qué datos se recogen, con qué fin y durante cuánto tiempo debería ser algo claro y accesible.

Otro desafío es la **desigualdad de acceso a la tecnología y al análisis de datos**. Mientras que algunas regiones o empresas tienen grandes infraestructuras y equipos especializados, otras apenas pueden acceder a los recursos básicos para trabajar con datos. Esta brecha puede acentuarse si no se promueven políticas que faciliten el acceso a herramientas abiertas, formación y conexiones seguras. El conocimiento y la capacidad de análisis no deberían quedarse en manos de unos pocos.

También preocupa el tema del **sesgo y la desinformación**. Si los modelos de Big Data se entrenan con datos incompletos o desequilibrados, las conclusiones a las que lleguen pueden estar equivocadas. Esto puede afectar decisiones importantes, como la concesión de un préstamo, la selección de personal o incluso recomendaciones médicas. Y cuando los algoritmos se aplican a gran escala sin revisión, **los errores se amplifican**. Por eso es esencial revisar los datos con los que se trabaja y vigilar cómo se aplican los modelos en la práctica.

En cuanto al **empleo**, es evidente que el Big Data está transformando muchos perfiles profesionales. Algunas tareas se están automatizando, mientras que otras requieren nuevas habilidades. Esto implica un proceso de adaptación, tanto en empresas como en la formación de trabajadores. La buena noticia es que también están apareciendo nuevos puestos relacionados con los datos: analistas, ingenieros de datos, científicos de datos, especialistas en visualización o auditores algorítmicos, entre otros.

En todo este escenario, el papel de la **ética** es cada vez más importante. Usar los datos de forma responsable significa pensar en el impacto que tienen las decisiones automatizadas, en si se están respetando los derechos de las personas o si hay transparencia en el proceso. La **transparencia algorítmica** busca precisamente eso: que las decisiones que toma un sistema puedan entenderse y explicarse. No es suficiente con que un modelo acierte, también hay que saber por qué llega a esa conclusión.

Por último, hay un punto que atraviesa todos los anteriores: la **educación digital**. Para que el uso del Big Data tenga sentido en una sociedad democrática, **la ciudadanía necesita entender cómo funcionan estas tecnologías**, qué implicaciones tienen y cómo se pueden usar con sentido crítico. No hace falta que todo el mundo sepa programar, pero sí que tenga las herramientas necesarias para interpretar una gráfica, cuestionar una predicción o pedir explicaciones sobre el uso de sus datos.

Interesante

Según se señala en el artículo "Las Tendencias Más Impactantes en Big Data para 2025", publicado por Erick Roch Moraguez, se estima que para el año 2025 se alcanzarán los 175 zetabytes de datos generados a nivel global. Esta expansión exponencial del volumen de datos, impulsada por la digitalización masiva, está reconfigurando la forma en la que las organizaciones operan y toman decisiones estratégicas. Tal como indica un estudio de McKinsey citado en el mismo artículo, aquellas empresas que aplican herramientas de análisis de datos avanzadas pueden lograr incrementos de hasta un 126% en su rentabilidad.

Además, se señala que un 64% de las compañías considera que la inteligencia artificial (IA) será un factor determinante para aumentar la productividad. Este panorama obliga a las organizaciones a repensar sus procesos internos, invertir en ciberseguridad y formación, y adoptar nuevos modelos tecnológicos que les permitan extraer valor real de sus datos.

La evolución del Big Data ha pasado de ser una herramienta técnica a convertirse en un pilar estratégico. Como se explica en el artículo, durante 2023, su papel ha sido fundamental en la personalización de productos y servicios, mientras que para 2024 se prevé una integración más profunda con tecnologías emergentes como el Internet de las Cosas (IoT). Este proceso implica automatizar no solo la recopilación de datos, sino también su procesamiento, análisis y presentación, con el fin de agilizar la toma de decisiones.

McKinsey estima que la combinación de IA y Big Data permitirá a cerca del 75% de las empresas obtener mejoras significativas en ingresos para 2025. Esto refuerza la idea de que la gestión inteligente de datos es una competencia crítica en la economía digital.

Tal como expone el informe, la IA amplifica la capacidad del Big Data para generar valor. Se espera que el mercado de IA supere los 190.600 millones de dólares en 2025. Datos citados en el artículo indican que el 80% de los líderes empresariales consideran la IA como clave para el éxito, y un 70% de ellos cree que atraerá nuevos clientes.

Entre los usos más destacados se encuentran las campañas de marketing personalizado (75%), la atención al cliente automatizada (35%) y la logística inteligente (30%). Todo ello forma parte de una tendencia hacia el análisis predictivo, que permite anticipar comportamientos de consumo, optimizar procesos y ofrecer servicios más ajustados a las necesidades reales del mercado.

El artículo enumera varias tendencias tecnológicas y estratégicas que marcarán el futuro del Big Data:

▶ **Seguridad de datos:**

La protección de la privacidad será una ventaja competitiva.

▶ **Analítica predictiva:**

Clave para anticipar las necesidades del consumidor.

▶ **Internet de las Cosas (IoT):**

Se espera un crecimiento a más de 43 mil millones de dispositivos conectados.

▶ **Realidad aumentada:**

Se usará para crear experiencias personalizadas en la comunicación digital.

▶ **Nube repartida:**

Más del 50% de las organizaciones adoptarán este enfoque para agilizar sus operaciones.

La ciberseguridad será uno de los pilares del Big Data. Según cifras del Instituto Nacional de Ciberseguridad (INCIBE), cerca del 50% de las empresas ha sido víctima de algún tipo de ciberataque. Además, se prevé que el gasto global en seguridad informática ascienda a 215.000 millones de dólares en 2024.

El Reglamento General de Protección de Datos (GDPR) jugará un papel clave, al establecer directrices estrictas sobre el uso y almacenamiento de información personal. Según Gartner, más del 80% de las empresas integrarán IA generativa en sus operaciones para 2026, lo que exigirá nuevos niveles de transparencia y responsabilidad.

El análisis predictivo ya forma parte esencial de muchas empresas. Ejemplos como Netflix y Starbucks ilustran cómo esta tecnología permite personalizar contenidos y optimizar operaciones. Según Aberdeen Group, este enfoque ha incrementado la retención de empleados en un 20%, mientras que IBM asegura que el 60% de sus contrataciones se basan en datos analíticos.

El artículo también menciona que las compañías que aplican análisis de datos avanzados pueden aumentar sus ingresos entre un 10% y un 15%, como ha recogido McKinsey en estudios recientes.

El marketing digital se está transformando con la ayuda del Big Data. Las marcas pueden segmentar mejor a sus clientes y diseñar campañas más efectivas. Según los datos del artículo, el 80% de los consumidores valora la personalización, y herramientas como la realidad aumentada, el marketing predictivo y el marketing conversacional están cambiando las reglas del juego.

Dunkin' Donuts, por ejemplo, ha aplicado con éxito estas estrategias mediante colaboraciones con influencers, como el caso de Charli D'Amelio.

En un entorno cada vez más competitivo, las empresas basadas en datos son 23 veces más propensas a captar clientes y 19 veces más rentables, de acuerdo con los análisis mencionados. Se estima que para 2027, el mercado global de Big Data alcanzará los 103 mil millones de dólares.

Se prevé también que solo en EE. UU. habrá 2,7 millones de profesionales en análisis de datos para 2025, lo cual subraya la creciente demanda de talento cualificado en este ámbito.

Software como Tableau, Power BI y Apache Spark están revolucionando la forma de trabajar con datos. El artículo destaca que el 79% de las empresas considera que el análisis de datos les proporciona una ventaja competitiva. Estas herramientas no solo permiten entender los datos, sino también visualizarlos de forma clara para facilitar la toma de decisiones.

El Big Data también se está utilizando para hacer más humanas las relaciones con los clientes. Según se indica, el 61% de las empresas ya usa IA para personalizar mensajes, lo que mejora la experiencia del usuario. Herramientas como el co-pilot ayudan a generar respuestas más empáticas, facilitando interacciones automatizadas más fluidas.

La visualización de datos es cada vez más relevante, no solo en contextos técnicos, sino también en la comunicación interna y externa. Herramientas gráficas permiten traducir conjuntos de datos complejos en información clara y visualmente atractiva, contribuyendo así a decisiones más informadas.

4.5 PRUEBA DE AUTOEVALUACIÓN DEL CAPÍTULO

1. **¿Qué es el gobierno del dato?**

   a) Un tipo de base de datos

   b) Un conjunto de normas y procesos sobre cómo se gestionan los datos

   c) Una herramienta de visualización

   d) Un lenguaje de programación

2. **¿Cuál es una función de la encriptación de datos?**

   a) Eliminar duplicados

   b) Aumentar el tamaño de los archivos

   c) Proteger los datos ante accesos no autorizados

   d) Convertir datos en imágenes

3. **¿Qué busca una auditoría de accesos en Big Data?**

   a) Optimizar algoritmos

   b) Comprobar qué datos se han perdido

   c) Registrar quién accede a qué y cuándo

   d) Automatizar tareas

4. **¿Qué ley europea regula la protección de datos personales?**

   a) LOPD

   b) RGPD

   c) Ley Sinde

   d) ISO 9001

5. **¿Qué medida mejora la trazabilidad del dato?**

   a) Borra archivos antiguos

   b) Guarda un historial de cambios

   c) Reduce la calidad de los datos

   d) Codifica archivos en MP3

6. **¿Qué significa anonimizar un dato?**

   a) Cifrarlo

   b) Repetirlo

   c) Quitar toda información personal que lo identifique

   d) Guardarlo en dos bases de datos

7. **¿Qué es una buena práctica en el uso ético de los datos?**

   a) Compartir todos los datos sin restricción

   b) Ocultar su procedencia

   c) Explicar claramente cómo se van a usar

   d) Usarlos sin avisar

8. **¿Qué podría considerarse un uso abusivo del Big Data?**

   a) Hacer predicciones de consumo

   b) Personalizar recomendaciones

   c) Denegar créditos con un modelo mal entrenado

   d) Usar datos abiertos para investigación

9. **¿Qué tecnología se puede usar para controlar quién accede a qué dentro de un sistema?**

   a) Dashboard

   b) Control de versiones

   c) Gestión de roles y permisos

   d) Spark SQL

10.¿Por qué es importante la calidad del dato en entornos Big Data?

a) Porque reduce el número de nodos

b) Porque mejora la estética de los gráficos

c) Porque afecta directamente a la precisión de los resultados

d) Porque ocupa menos espacio en disco

Respuestas correctas

1. b

2. c

3. c

4. b

5. b

6. c

7. c

8. c

9. c

10. c

RESUMEN

El Big Data surge como evolución del Business Intelligence tradicional, que se basaba en informes con datos estructurados y análisis histórico, pero no podía manejar grandes volúmenes ni reaccionar con agilidad. Con la llegada masiva de datos procedentes de la web, sensores, redes sociales o móviles, se necesitó una nueva forma de analizarlos de forma rápida, diversa y útil. El Big Data permite precisamente eso, combinando volumen, velocidad, variedad, veracidad y valor. Su historia arranca en los años 90 y se populariza en los 2000 gracias a empresas como Google, que desarrollaron herramientas como MapReduce y GFS para el procesamiento paralelo y almacenamiento distribuido, sentando las bases de Hadoop. Este sistema revolucionó el tratamiento de datos masivos por su escalabilidad y bajo coste, y hoy sigue siendo fundamental en muchos entornos. Además, el Big Data actual se apoya en nuevos paradigmas como el procesamiento en tiempo real, con tecnologías como Kafka o Spark Streaming, y el uso de la nube (Cloud Computing), que permite proyectos más ágiles, escalables y accesibles, utilizados ya por empresas como Netflix o en las smart cities.

El mundo del Big Data no es solo almacenar grandes cantidades de datos, sino saber cómo organizarlos, moverlos, procesarlos y sacarles partido. Para eso se utilizan arquitecturas y tecnologías como Hadoop, Spark o Kafka, que permiten distribuir tareas entre varias máquinas para hacerlo todo más rápido y eficaz. Hadoop, por ejemplo, divide los archivos en trozos y los reparte entre diferentes ordenadores; luego, con MapReduce, cada uno analiza su parte y se juntan los resultados. También es importante conocer herramientas como Hive para manejar y consultar datos, y lenguajes como Java, Scala, SQL o Python, que se usan según el tipo de análisis que se quiera hacer.

Además del procesamiento por lotes, en muchos casos interesa analizar los datos en tiempo real, justo cuando se generan. Ahí entran en juego tecnologías como Kafka, que transmite eventos al instante, y bases de datos como HBase o Redis, que permiten guardar y consultar información muy rápido. Esto es útil, por ejemplo, para detectar fraudes al momento, ajustar recomendaciones personalizadas o responder a cambios en un entorno industrial. A esto se le suman procesos avanzados como los de Apache Spark, que permite hacer desde análisis básicos hasta modelos de predicción o aprendizaje automático, todo de forma muy veloz gracias a que trabaja directamente en memoria.

Por último, todo este ecosistema no tendría sentido sin una buena gestión de los datos. Eso incluye protegerlos, asegurarse de que solo accede quien debe, y cumplir leyes como el RGPD. También significa saber de dónde vienen los datos, si están bien organizados y cómo se usan. Gracias a todo este entramado técnico y organizativo, el Big Data se convierte en una herramienta muy útil, tanto para mejorar servicios públicos como para tomar decisiones más informadas en empresas, investigar, o incluso anticiparse a problemas sociales o medioambientales. En resumen, se trata de poner los datos al servicio de las personas, con responsabilidad y con cabeza.

EVALUACIÓN FINAL

1. **¿Qué significa que Hadoop tiene alta tolerancia a fallos?**

    a) No se puede recuperar de un error

    b) El sistema sigue funcionando aunque falle una máquina

    c) Se detiene si una tarea da error

    d) Solo funciona con servidores muy potentes

2. **¿Cuál de estas tecnologías se usa para procesamiento en tiempo real?**

    a) Hive

    b) Apache Kafka

    c) MapReduce

    d) HDFS

3. **¿Qué representa la variedad en las características del Big Data?**

    a) Número de usuarios conectados

    b) Diferentes tipos de datos: estructurados, no estructurados y semi-estructurados

    c) Cantidad de datos duplicados

    d) Calidad de los datos

4. ¿Qué empresa utiliza la nube para personalizar contenidos en tiempo real?

a) Movistar+

b) Netflix

c) Facebook

d) Apple Music

5. ¿Qué hace la fase "Map" en MapReduce?

a) Ordena los resultados finales

b) Divide y transforma los datos en pares clave-valor

c) Almacena los datos en caché

d) Asigna los resultados a una base de datos

6. ¿Cuál de las siguientes no es una "V" clásica del Big Data?

a) Volumen

b) Velocidad

c) Validación

d) Veracidad

7. ¿Cuál fue uno de los primeros sectores que empezó a experimentar problemas por el aumento de datos en los años 90?

a) Marketing digital

b) Ámbitos científicos como la NASA

c) Comercio electrónico

d) Finanzas personales

8. ¿Qué significa que el Big Data permite análisis predictivo?

a) Permite almacenar datos más rápido

b) Ordena datos históricos

c) Ayuda a anticipar comportamientos futuros

d) Reemplaza las bases de datos

9. ¿Qué tipo de escalabilidad ofrece Hadoop?

a) Vertical

b) Horizontal

c) Manual

d) Constante

10. ¿Cuál de estos conceptos representa mejor el "valor" en el Big Data?

a) El tamaño de los archivos

b) La utilidad real que se puede extraer de los datos

c) El número de servidores conectados

d) La frecuencia con la que se actualizan los dashboards

11. ¿Qué componente de Hadoop se encarga de almacenar los datos distribuidos?

a) MapReduce

b) Kafka

c) HDFS

d) Spark

12. ¿Qué hace la fase Map en MapReduce?

a) Agrupa los resultados finales

b) Copia los datos en todos los nodos

c) Divide los datos y los procesa en paralelo

d) Ordena los datos alfabéticamente

13. ¿Qué ventaja principal tiene el uso de HDFS?

a) Utiliza bases de datos relacionales

b) Elimina los duplicados automáticamente

c) Guarda los archivos en orden alfabético

d) Reparte y replica los datos entre varios nodos

14. ¿Cuál de estos lenguajes se considera la base del ecosistema Hadoop?

a) Java

b) Python

c) R

d) Scala

15. ¿Qué herramienta permite consultar datos en Hadoop usando un lenguaje tipo SQL?

a) Kafka

b) Hive

c) Flume

d) Redis

16. ¿Qué lenguaje está muy vinculado al uso de Apache Spark?

a) Java

b) Scala

c) R

d) SQL

17. ¿Qué componente de Hadoop permite el procesamiento de datos en paralelo?

a) Hive

b) Spark

c) MapReduce

d) Kafka

18. ¿Cuál es una de las funciones de Flume?

a) Almacenar datos en memoria

b) Ejecutar consultas SQL

c) Capturar datos no estructurados en tiempo real

d) Enviar correos masivos

19.¿Qué herramienta se usa para importar datos desde bases de datos relacionales a Hadoop?

a) Sqoop

b) Redis

c) Spark

d) Python

20.¿Qué lenguaje destaca por su facilidad para prototipar y su ecosistema de librerías de IA?

a) Java

b) Scala

c) Python

d) SQL

21.¿Qué tipo de base de datos es Redis?

a) Relacional

b) Basada en archivos

c) En memoria

d) Distribuida en disco

22.¿Qué característica tiene Kafka?

a) Solo funciona en local

b) Permite mensajería distribuida en tiempo real

c) Procesa imágenes

d) Genera dashboards interactivos

23.¿Qué se entiende por proceso ETL?

a) Envío de correos, traducción y lectura

b) Extracción, transformación y carga de datos

c) Evaluación técnica de logs

d) Eliminación, traslado y limpieza

24.¿Cuál es una ventaja de Spark frente a MapReduce?

a) Trabaja con archivos más pequeños

b) Es más lento pero más seguro

c) Procesa datos en memoria y es más rápido

d) No requiere ningún lenguaje de programación

25.¿Qué lenguaje es ideal para análisis estadístico y académico?

a) Java

b) Python

c) R

d) Scala

26.¿Qué herramienta permite hacer consultas con SQL sobre datos distribuidos en Hadoop?

a) Kafka

b) Flume

c) Hive

d) MapReduce

27.¿Qué significa que una base de datos sea NoSQL?

a) Solo se usa en móviles

b) No admite datos en tablas

c) No requiere un esquema fijo

d) Solo acepta texto plano

28.¿Cuál es una ventaja del procesamiento en tiempo real?

a) Mejora la calidad de las copias de seguridad

b) Aumenta el uso del disco duro

c) Permite actuar mientras ocurren los eventos

d) Elimina la necesidad de programación

29.¿Qué hace HBase?

  a) Crea dashboards

  b) Analiza imágenes médicas

  c) Es una base de datos orientada a columnas

  d) Gestiona accesos a usuarios

30.¿Qué ventaja tiene Redis frente a otras bases de datos?

  a) Almacena solo texto

  b) Funciona más lento, pero es más estable

  c) Guarda los datos directamente en memoria

  d) Usa JSON como formato obligatorio

31.¿Cuál de estas herramientas es adecuada para capturar eventos web en tiempo real?

  a) Sqoop

  b) Hive

  c) Flume

  d) R

32.¿Qué significa que Hadoop sea escalable?

  a) Que se puede ejecutar sin Internet

  b) Que permite usar más nodos si se necesitan

  c) Que requiere reiniciar a menudo

  d) Que solo funciona en la nube

33.¿Qué parte de MapReduce agrupa los resultados por clave?

  a) Map

  b) Reduce

  c) Hive

  d) ETL

34. ¿Qué lenguaje combina lo funcional y lo orientado a objetos?

a) SQL

b) Python

c) Scala

d) Java

35. ¿Qué librería de Python se usa para crear gráficos?

a) NumPy

b) Pandas

c) Matplotlib

d) Hive

36. ¿Qué lenguaje tiene una curva de aprendizaje baja y es muy usado en IA?

a) Scala

b) Java

c) SQL

d) Python

37. ¿Qué ventaja tiene el uso de Hive para los analistas?

a) Funciona sin código

b) Permite trabajar con SQL

c) No requiere clústeres

d) Requiere solo Excel

38. ¿Qué ocurre si un nodo de Hadoop falla?

a) El sistema se detiene

b) Los datos se pierden

c) Se recuperan de las copias en otros nodos

d) Se borra todo automáticamente

39.¿Qué hace la tokenización en procesamiento de lenguaje natural?

a) Convierte texto a voz

b) Traducir idiomas

c) Dividir el texto en palabras o frases

d) Generar imágenes

40.¿Qué es una ventaja clara del Big Data en empresas?

a) Aumenta los tiempos de respuesta

b) Obliga a migrar todos los sistemas

c) Permite tomar decisiones más informadas

d) Reduce la calidad de los informes

Respuestas correctas

1. b	11. c	21. c	31. c
2. b	12. c	22. b	32. b
3. b	13. d	23. b	33. b
4. b	14. a	24. c	34. c
5. b	15. b	25. c	35. c
6. c	16. b	26. c	36. d
7. b	17. c	27. c	37. b
8. c	18. c	28. c	38. c
9. b	19. a	29. c	39. c
10. b	20. c	30. c	40. c

APLICACIONES PRÁCTICAS

APLICACIÓN PRÁCTICA 1

Recomendaciones en una app de música

Imagínate que estás trabajando en una empresa que ha creado una app de música tipo Spotify. La app quiere recomendar canciones automáticamente a cada persona según su estado de ánimo, el momento del día y el clima en su ciudad. La empresa quiere usar Big Data para hacer esto realidad.

a) ¿Qué tipo de datos crees que debería recoger la app para poder hacer estas recomendaciones?

b) ¿Qué características del Big Data están presentes en este caso?

a) ¿Por qué sería útil hacer este análisis en tiempo real?

Respuestas orientativas:

a) La app debería recoger datos como: las canciones que escucha cada usuario, a qué hora las escucha, si las marca como favoritas o las salta, su ubicación para saber el clima, e incluso patrones de uso (por ejemplo, si escucha más música triste los lunes o música alegre los viernes por la tarde).

b) Aparecen varias "V" del Big Data:

- Volumen, porque hay millones de usuarios generando datos.

- Velocidad, porque los datos se recogen y analizan en tiempo real.

- Variedad, porque se combinan datos estructurados (listas de reproducción) y no estructurados (clima, emociones).

- Valor, porque se busca mejorar la experiencia del usuario.

c) Porque si el sistema recomienda canciones justo en el momento adecuado (por ejemplo, música relajante después de un día estresante), mejora mucho la experiencia del usuario. Si el análisis fuera lento, las recomendaciones llegarían tarde y perderían su utilidad.

APLICACIÓN PRÁCTICA 2

Tráfico urbano y smart cities

El ayuntamiento de una ciudad española quiere mejorar la movilidad urbana. Han instalado sensores en los semáforos y cámaras en los cruces más transitados. Su idea es usar Big Data para analizar el tráfico en tiempo real y ajustar los semáforos según el flujo de coches y peatones.

a) ¿Qué tecnologías relacionadas con Big Data podrían usarse en este proyecto?

b) ¿Qué tipo de datos están recogiendo? ¿Estructurados o no estructurados?

c) ¿Qué ventajas tendría usar la nube (Cloud Computing) en este caso?

Respuestas orientativas:

a) Podrían usar tecnologías como Apache Kafka para recoger los datos en tiempo real, Apache Flink o Spark Streaming para procesarlos y tomar decisiones, y sistemas de almacenamiento distribuido como HDFS si quieren guardar datos históricos para análisis posteriores.

b) Recogen ambos tipos de datos:

- Estructurados: número de coches que pasan por minuto, duración de semáforos, velocidad media.

- No estructurados: imágenes de las cámaras, vídeos o incluso audios ambientales.

c) Usar la nube permitiría escalar fácilmente si la ciudad crece, acceder a los datos desde cualquier punto por los técnicos municipales, y no tener que mantener servidores propios, lo que ahorra costes y facilita la implementación del proyecto.

APLICACIÓN PRÁCTICA 3

Personalización en tienda online de Trixal

Trixal, empresa española de venta online de tecnología, quiere mejorar la experiencia de compra en su web mostrando recomendaciones personalizadas en tiempo real. Para ello, necesita recoger eventos de navegación de los usuarios, como los productos que visitan, el tiempo que pasan en cada página o si añaden artículos al carrito. Además, desea cruzar estos datos con el historial de compras anterior de cada cliente.

a) ¿Qué tecnologías relacionadas con Big Data podrían usarse en este proyecto?

b) ¿Qué tipo de datos están recogiendo? ¿Estructurados o no estructurados?

c) ¿Qué ventajas tendría usar la nube (Cloud Computing) en este caso?

Resultado esperado:

a) Se pueden usar herramientas como Apache Kafka para recoger eventos en tiempo real, Spark Streaming para procesarlos y generar recomendaciones, HBase para consultar el historial de compras, y Redis para mostrar las recomendaciones rápidamente.

b) Trixal recoge:

   • Estructurados: historial de compras, edad, localización, datos de registro.

   • No estructurados: clics, tiempos de visita, rutas de navegación, búsquedas y texto libre en reseñas.

c) Usar la nube permite a Trixal escalar recursos en campañas de alto tráfico como el Black Friday, acceder desde cualquier parte, integrar servicios de machine learning ya entrenados y evitar el coste de mantener servidores propios.

APLICACIÓN PRÁCTICA 4

Tráfico urbano y smart cities con Trixal como proveedor tecnológico

El ayuntamiento de una ciudad española contrata a Trixal como empresa tecnológica para implementar una solución de análisis de tráfico urbano. Se han colocado sensores y cámaras en los principales cruces. El objetivo es analizar el flujo de vehículos y peatones en tiempo real para ajustar automáticamente los semáforos y mejorar la movilidad.

a) ¿Qué tecnologías relacionadas con Big Data podrían usarse en este proyecto?

b) ¿Qué tipo de datos están recogiendo? ¿Estructurados o no estructurados?

c) ¿Qué ventajas tendría usar la nube (Cloud Computing) en este caso?

Resultado esperado:

a) Se pueden usar Apache Kafka para la ingestión de datos en tiempo real, Apache Flink o Spark Streaming para su análisis instantáneo, y HDFS para almacenar datos históricos de tráfico.

b) El sistema recoge:

- • Estructurados: número de vehículos por minuto, duración de semáforos, velocidad media.

- • No estructurados: imágenes de cámaras, vídeos, audio ambiente.

c) Con la nube, el sistema se vuelve fácilmente escalable, se reducen los costes de infraestructura, se facilita el acceso desde diferentes departamentos y se mejora la resiliencia del sistema ante imprevistos o picos de demanda.

APLICACIÓN PRÁCTICA 5

Predicción de abandono de clientes en Trixal

Trixal, empresa española de comercio electrónico, quiere anticiparse a la pérdida de clientes frecuentes. Para ello, decide desarrollar un modelo de machine learning que prediga qué usuarios tienen mayor probabilidad de dejar de comprar en los próximos 3 meses, basándose en su comportamiento anterior.

a) ¿Qué tipo de algoritmo sería adecuado para este proyecto: supervisado o no supervisado?

b) ¿Qué variables podrían utilizarse como entrada del modelo?

c) ¿Qué herramientas o lenguajes serían útiles para desarrollar este modelo?

Resultado esperado:

a) Se usaría aprendizaje supervisado, ya que se dispone de ejemplos históricos de usuarios que han abandonado y otros que no.

b) Variables posibles: número de compras en los últimos meses, tiempo desde la última compra, valor medio de los pedidos, visitas a la web, uso de cupones, puntuaciones de productos, etc.

c) Trixal podría usar Python con librerías como Scikit-learn para el modelo, Pandas para procesar los datos, y Matplotlib o Seaborn para visualizar resultados. También puede usar Spark MLlib si los datos son muy grandes.

APLICACIÓN PRÁCTICA 6

Análisis de sentimientos de productos en Trixal

Trixal ha recopilado miles de reseñas de clientes sobre productos electrónicos vendidos en su plataforma. La empresa quiere saber qué productos generan opiniones más negativas o positivas, para ajustar sus campañas de marketing o retirar productos mal valorados.

a) ¿Qué tipo de datos se están utilizando en este análisis?

b) ¿Qué técnicas de IA podrían aplicarse en este caso?

c) ¿Qué ventajas ofrece usar modelos de lenguaje preentrenados como BERT o GPT para esta tarea?

Resultado esperado:

a) Se utilizan datos no estructurados, principalmente textos libres de opiniones escritas por los usuarios.

b) Se aplican técnicas de Procesamiento del Lenguaje Natural (NLP), como tokenización, análisis de sentimiento y clasificación de textos.

c) Usar modelos como BERT o GPT permite obtener mejores resultados en comprensión semántica, detectar matices en opiniones (por ejemplo, ironía o ambigüedad) y acelerar el desarrollo del sistema al partir de modelos ya entrenados con grandes volúmenes de texto.

APLICACIÓN PRÁCTICA 7

Segmentación automática de clientes de Trixal

Trixal quiere agrupar a sus clientes según su comportamiento para diseñar campañas de marketing más personalizadas. No tiene etiquetas previas, pero dispone de datos sobre frecuencia de compra, tipos de productos adquiridos, valor de los pedidos y hábitos de navegación.

a) ¿Qué tipo de aprendizaje se aplicaría: supervisado o no supervisado?

b) ¿Qué algoritmo podría usarse para formar estos grupos?

c) ¿Qué utilidad práctica tendría esta segmentación para el equipo de marketing?

Resultado esperado:

a) Se aplica aprendizaje no supervisado, ya que no hay categorías predefinidas de clientes.

b) Un algoritmo adecuado sería K-means, que permite agrupar clientes por similitud en sus datos de comportamiento.

c) Esta segmentación permite a Trixal crear campañas específicas por perfil: ofertas para clientes fieles, recordatorios para inactivos, o recomendaciones para nuevos compradores. También ayuda a detectar nichos no explotados y a optimizar la inversión publicitaria.

APLICACIÓN PRÁCTICA 8

Analiza la salud financiera de una empresa de retail

Una empresa minorista internacional quiere evaluar sus resultados de ventas en distintos países y segmentos de producto a lo largo del tiempo. El departamento de análisis necesita un panel de visualización que resuma los principales indicadores financieros: ingresos, costes, beneficios, unidades vendidas y márgenes.

Instrucciones:

Utilizar el conjunto de datos financials disponible por defecto en Power BI Desktop.

1. Crear visualizaciones:

    Gráfico de columnas agrupadas

    - Compara las ventas (Sales) por país (Country).

        Gráfico de anillos (donut chart)

    - Muestra el total de ventas (Sales) por segmento (Segment).

    Tarjeta (Card)

    - Muestra el total de beneficios globales (Profit).

2. Aplicar filtros:

    Usa el panel de filtros para comparar los descuentos (Discounts) aplicados en Francia y Alemania.

    - Observa cómo varían estos valores según el país.e datos financials disponible por defecto en Power BI Desktop.

3. Analizar e interpretar:

    - Escribe un pequeño análisis (puede ser en una caja de texto dentro del informe) que responda:

        - ¿Qué país ha tenido más ventas?
        - ¿Qué segmento ha sido más rentable?
        - ¿Qué año fue el más fuerte en términos de unidades vendidas?

Solución explicada mediante pantallazos:

Utilizar el conjunto de datos financials disponible por defecto en Power BI Desktop.

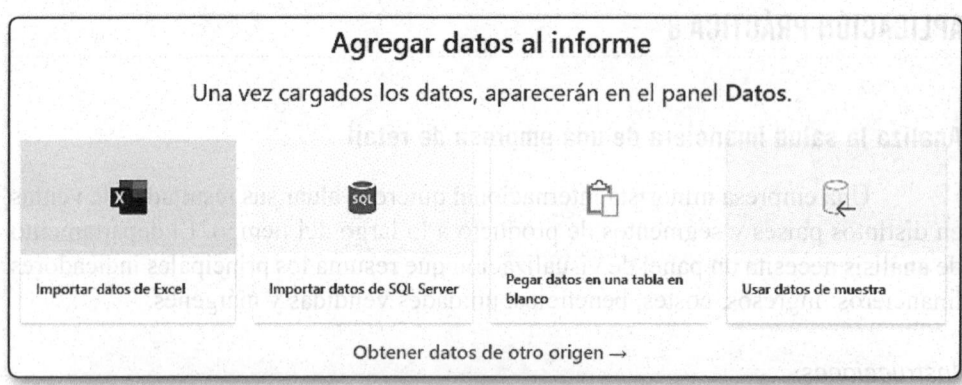

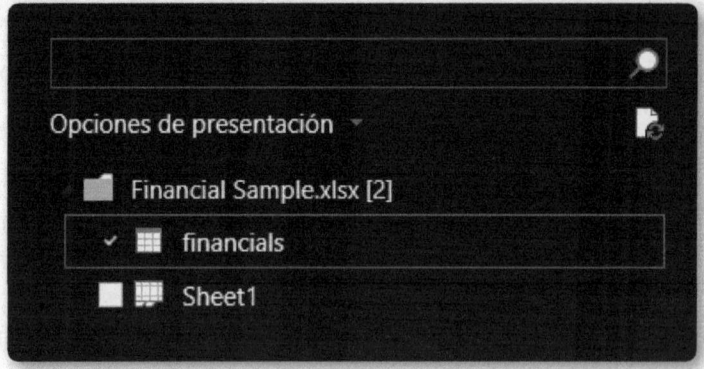

Navegador

financials

Opciones de presentación

- Financial Sample.xlsx [2]
  - ✔ financials
  - Sheet1

Segment	Country	Product	Discount Band	Un
Government	Canada	Carretera	None	
Government	Germany	Carretera	None	
Midmarket	France	Carretera	None	
Midmarket	Germany	Carretera	None	
Midmarket	Mexico	Carretera	None	
Government	Germany	Carretera	None	
Midmarket	Germany	Montana	None	
Channel Partners	Canada	Montana	None	
Government	France	Montana	None	
Channel Partners	Germany	Montana	None	
Midmarket	Mexico	Montana	None	
Enterprise	Canada	Montana	None	
Small Business	Mexico	Montana	None	
Government	Germany	Montana	None	
Enterprise	Canada	Montana	None	
Midmarket	United States of America	Montana	None	
Government	Canada	Paseo	None	
Midmarket	Mexico	Paseo	None	
Channel Partners	Canada	Paseo	None	
Government	Germany	Paseo	None	
Channel Partners	Germany	Paseo	None	
Government	Mexico	Paseo	None	
Midmarket	France	Paseo	None	

Cargar   Transformar datos   Cancelar

Creación de objetos visuales con sus datos

Seleccione o arrastre campos desde el panel **Datos** hasta el lienzo del informe.

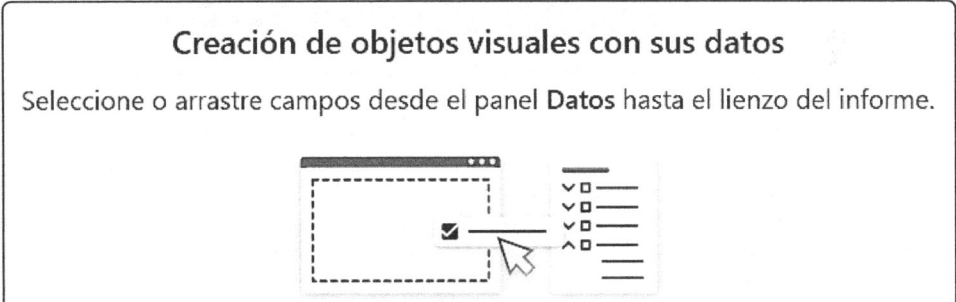

1. Crear visualizaciones:

   - Crea un gráfico de columnas agrupadas para comparar las ventas (Sales) por país (Country).

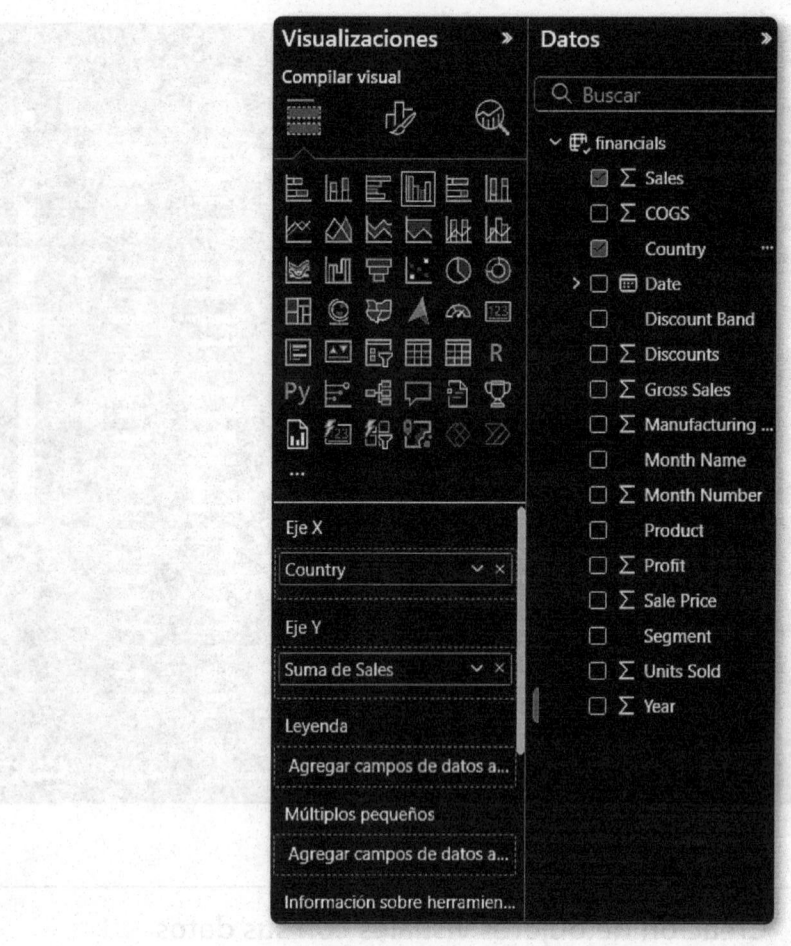

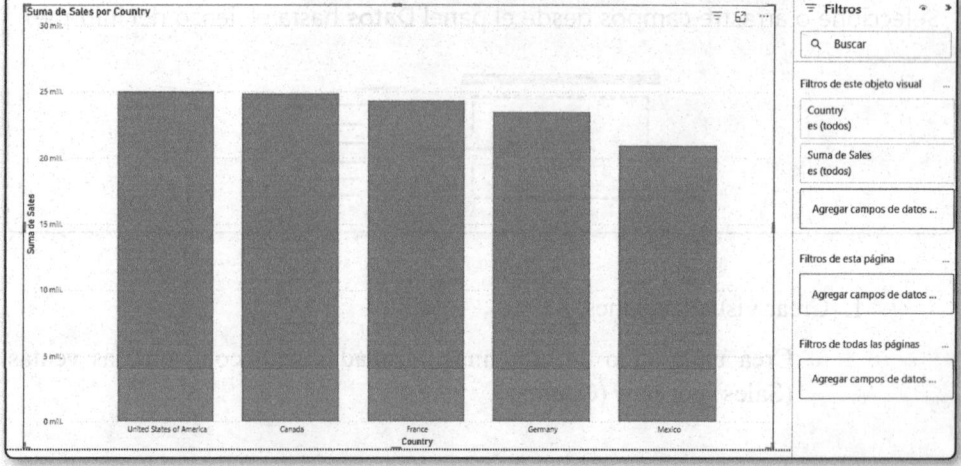

- Diseña un gráfico de anillos que muestre el total de ventas (sales) por segmento (Segment).

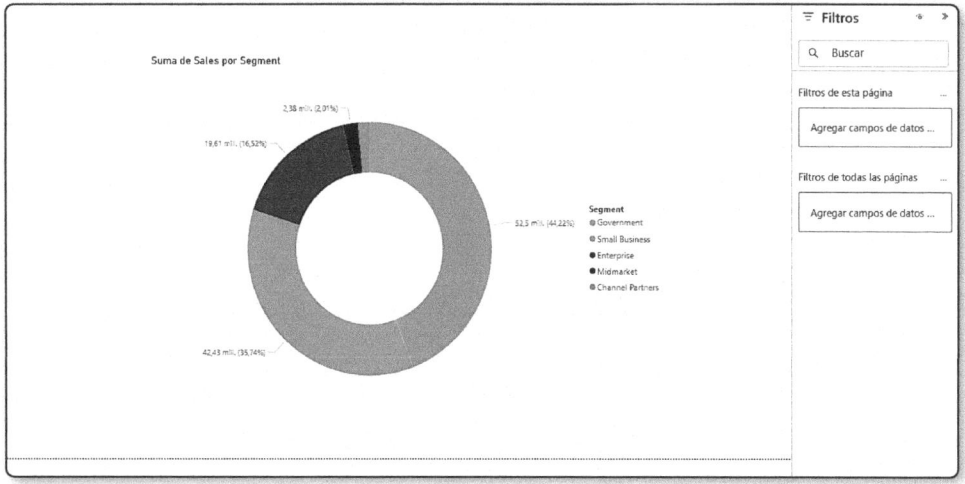

- Incorpora una tarjeta (card) que muestre el total de beneficios globales.

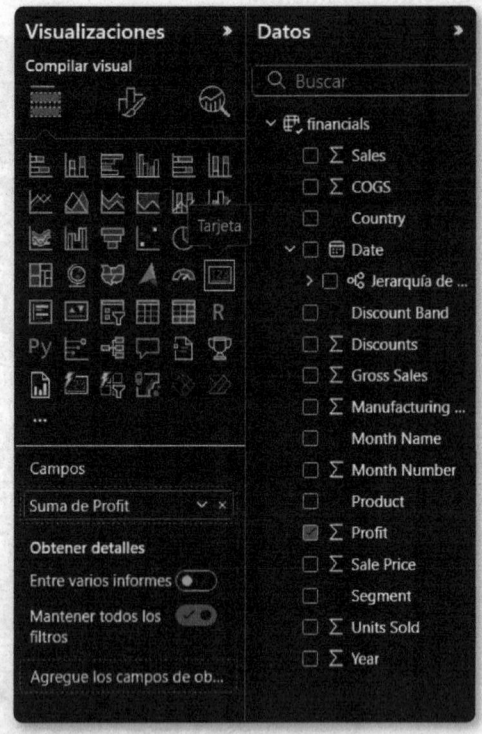

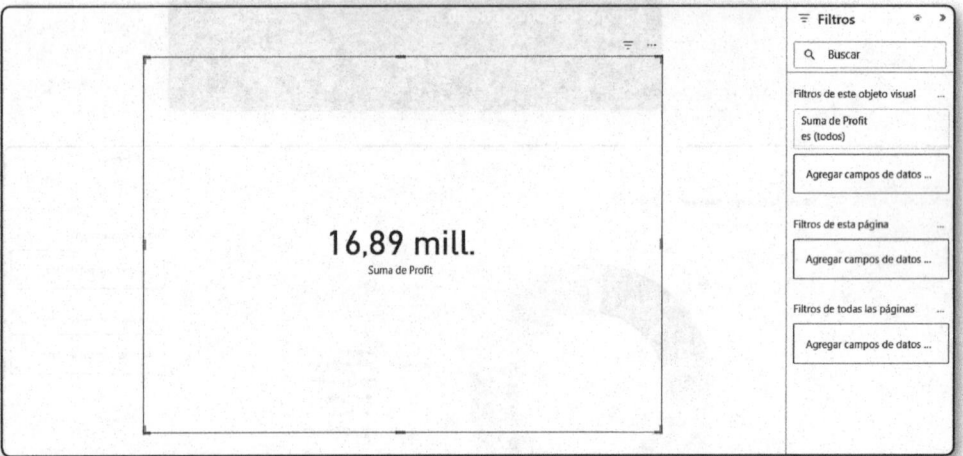

2. Filtrar:

- Utiliza los filtros para ver cómo varían los descuentos por país (por ejemplo: "France" vs. "Germany").

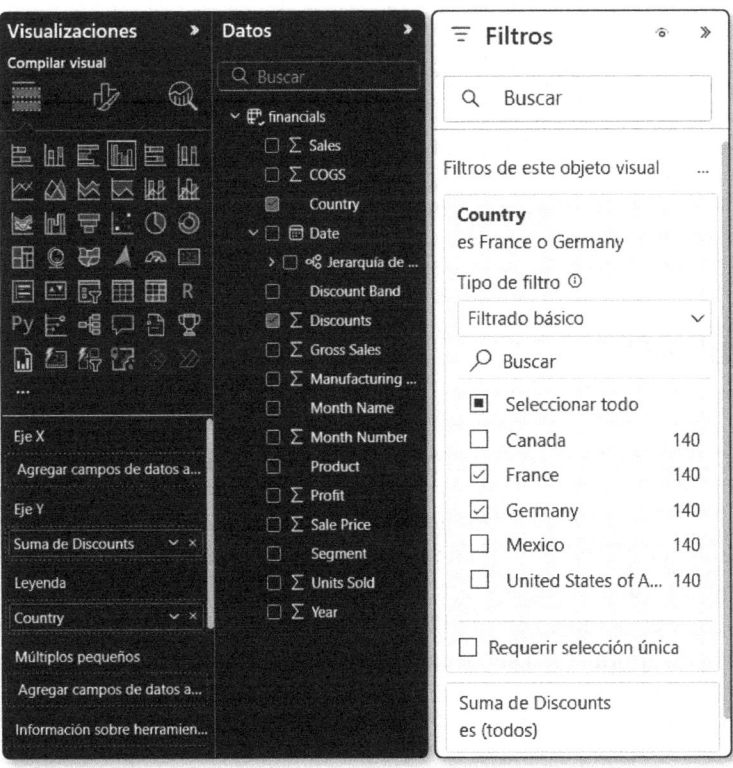

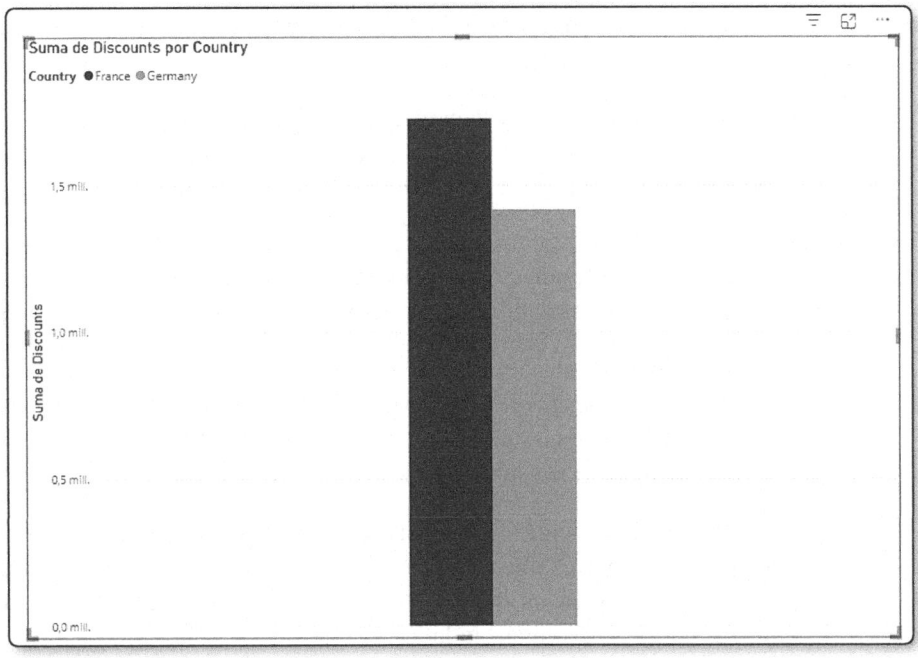

3. Analizar e interpretar:

- Escribe un pequeño análisis (puede ser en una caja de texto dentro del informe) que responda:

  - ¿Qué país ha tenido más ventas? EEUU.
  - ¿Qué segmento ha sido más rentable? Government.
  - ¿Qué año fue el más fuerte en términos de unidades vendidas? 2014.

APLICACIÓN PRÁCTICA 9

Uso de Open Data en Trixal para el desarrollo de soluciones urbanas

Trixal quiere lanzar una nueva línea de negocio enfocada en soluciones urbanas inteligentes. Para ello, planea crear una aplicación que ayude a ciclistas urbanos a planificar rutas seguras y eficientes en ciudades españolas. La empresa utilizará datos abiertos disponibles en plataformas como Datos.gob.es y portales municipales, que incluyen información sobre carriles bici, accidentes, contaminación y tráfico.

a) ¿Qué tipo de datos disponibles en formato Open Data serían útiles para este proyecto?

b) ¿Qué beneficios tiene para Trixal utilizar datos abiertos en lugar de generar sus propios datos?

c) ¿Qué retos puede encontrar la empresa al trabajar con Open Data?

Resultado esperado:

a) Datos de movilidad (tráfico, velocidad media, uso del carril bici), mapas de accidentes, niveles de contaminación por zona, ubicación de parkings para bicicletas, puntos conflictivos y datos meteorológicos en tiempo real.

b) El uso de Open Data permite a Trixal reducir costes de captación de datos, acelerar el desarrollo de prototipos y garantizar la transparencia de las fuentes. Además, puede acceder a datos de distintas ciudades sin necesidad de instalar sensores propios.

c) Los retos pueden incluir falta de actualización en algunos conjuntos, formatos poco reutilizables (como PDFs) y diferencias entre portales municipales. También es importante asegurar la interoperabilidad para combinar datos de distintas ciudades.

APLICACIÓN PRÁCTICA 10

Eficiencia logística y mantenimiento predictivo en Trixal

Trixal gestiona una flota de reparto de última milla en varias ciudades españolas. Con el objetivo de mejorar su eficiencia operativa y reducir el impacto ambiental, decide implantar un sistema de análisis de Big Data que combine información de sensores, rutas, pedidos y consumo de combustible. Además, quiere predecir posibles fallos en los vehículos para evitar paradas no programadas.

a) ¿Qué fuentes de datos puede utilizar Trixal para este proyecto?

b) ¿Qué tipo de algoritmos o técnicas pueden ayudar a predecir averías?

c) ¿Qué impacto podría tener esta solución en el servicio al cliente y en la sostenibilidad?

Resultado esperado:

a) Datos de GPS, sensores IoT en vehículos (temperatura, vibración, consumo, kilometraje), tiempos de entrega, condiciones meteorológicas y datos históricos de mantenimiento.

b) Trixal puede aplicar modelos de mantenimiento predictivo usando algoritmos de aprendizaje supervisado como árboles de decisión o redes neuronales. También puede usar clustering para identificar patrones anómalos.

c) Esta solución puede reducir el tiempo de inactividad, mejorar la puntualidad de las entregas, reducir costes de reparación y minimizar emisiones contaminantes, reforzando así la imagen de Trixal como empresa sostenible y eficiente.

ACTIVIDADES

1. ¿Cómo crees que ha cambiado nuestra forma de tomar decisiones en el día a día con la llegada del Big Data?

Piensa en ejemplos concretos relacionados con tu vida personal o tus hábitos digitales: compras online, navegación por redes sociales, uso de apps, etc. ¿Te has sentido influenciado por algún sistema que "te conoce bien"?

2. Imagina que formas parte del equipo de datos de una empresa. ¿Qué ventajas tendría usar Big Data frente al BI tradicional?

Reflexiona sobre cómo sería el trabajo con uno y con otro. ¿Qué te permitiría hacer el Big Data que antes era impensable?

3. El Big Data se basa en recopilar y analizar grandes volúmenes de información, muchas veces de personas. ¿Dónde crees que está el límite entre utilidad y privacidad?

Expón tu opinión sobre hasta qué punto las empresas deberían tener acceso a tus datos y cómo debería gestionarse ese equilibrio.

4. Piensa en una situación actual (de tu entorno, ciudad, empresa, centro educativo...) donde el uso de datos en tiempo real podría mejorar la toma de decisiones.

Describe el problema y cómo el procesamiento en tiempo real, como el que hacen algunas ciudades inteligentes o apps como Netflix, podría aportar una solución práctica.

5. ¿Cómo te imaginas el futuro del Big Data en los próximos años?

Imagina qué nuevos usos podrían aparecer, qué riesgos pueden surgir y cómo podría cambiar tu relación con la tecnología y los datos. Sé creativo, pero parte de lo que has aprendido.

6. ¿Cómo crees que las empresas usan los datos que generas a diario al usar tu móvil o navegar por Internet?

Piensa en ejemplos como geolocalización, búsquedas recientes o tus hábitos de consumo. ¿Alguna vez te ha sorprendido una recomendación demasiado "acertada"?

7. Imagina que trabajas en el equipo de análisis de datos de una tienda online.

¿Cómo podrías usar tecnologías como Hadoop o Spark para entender mejor a los clientes y mejorar las ventas?

8. ¿Qué opinas sobre el hecho de que tus datos de navegación se usen para entrenar algoritmos de recomendación?

¿Dónde pondrías tú el límite entre una ayuda útil y una invasión de tu privacidad?

9. En una situación de emergencia (por ejemplo, una gran tormenta o un apagón), ¿cómo podría ayudar el análisis de datos en tiempo real?

Imagina que formas parte de un equipo de gestión de emergencias. ¿Qué datos te gustaría tener y cómo los usarías?

10. Piensa en alguna aplicación que uses a diario (como Spotify, TikTok o YouTube).

¿Qué tipo de datos crees que recoge sobre ti y cómo los utiliza para personalizar tu experiencia?

11. ¿Cómo te imaginas que sería tu jornada laboral si tuvieras que trabajar con Big Data en lugar de con informes tradicionales?

Compara tareas, herramientas y formas de tomar decisiones. ¿Te resultaría más fácil o complejo?

12. El Big Data permite combinar datos de distintas fuentes: redes sociales, sensores, historial de compras…

Imagina que una empresa cruza toda esa información para ofrecerte un nuevo producto. ¿Te sentirías cómodo con eso?

13. ¿Crees que el uso de Big Data debería estar más controlado legalmente?

Piensa en cómo podrían regularse las decisiones automatizadas, como las que afectan a préstamos o selección de personal.

14. ¿Qué riesgos crees que existen si un modelo predictivo se entrena con datos incompletos o sesgados?

Piensa en casos como el análisis de currículums, diagnósticos médicos o vigilancia policial.

15. Imagina que trabajas en un hospital y se quiere usar IA para priorizar pacientes.

¿Qué ventajas puede tener usar Big Data en ese entorno? ¿Y qué precauciones te parecería necesario tomar?

16. Supón que trabajas en un ayuntamiento que quiere usar datos abiertos para mejorar la ciudad.

¿Qué tipo de datos crees que podrían ser útiles para mejorar el transporte, la limpieza o la seguridad?

17. ¿Qué cambios crees que ha traído el Big Data a la forma de estudiar o aprender?

Piensa en plataformas educativas, seguimiento del rendimiento o personalización del contenido.

18. El aprendizaje automático se basa en detectar patrones en los datos.

¿Has notado alguna vez que una aplicación anticipaba lo que ibas a hacer o decir? ¿Te pareció útil o inquietante?

19.¿Cómo imaginas que sería una tienda física que aplicara Big Data a su funcionamiento?

Piensa en el control de stock, la atención personalizada, las promociones y la organización del espacio.

20.En el ámbito laboral, ¿qué nuevas profesiones crees que han aparecido gracias al Big Data?

¿Te interesaría trabajar en alguna de ellas? ¿Qué habilidades crees que serían necesarias?

GLOSARIO

▶ **Algoritmo:** conjunto de pasos lógicos que siguen los sistemas para resolver un problema o tarea.

▶ **Análisis de sentimientos**: técnica que identifica si un texto refleja una opinión positiva, negativa o neutra.

▶ **Apache Hadoop**: Framework de código abierto que permite procesar grandes volúmenes de datos en paralelo.

▶ **Apache Kafka**: plataforma para gestionar flujos de datos en tiempo real.

▶ **Apache Spark**: motor de procesamiento de datos en memoria, más rápido que Hadoop MapReduce.

▶ **Aprendizaje automático (Machine Learning)**: rama de la IA que permite a las máquinas aprender de los datos sin programarse explícitamente.

▶ **Aprendizaje no supervisado**: tipo de aprendizaje donde el sistema intenta encontrar patrones sin conocer las respuestas de antemano.

▶ **Aprendizaje profundo (Deep Learning)**: subárea del machine learning basada en redes neuronales con muchas capas.

▶ **Aprendizaje supervisado**: tipo de machine learning donde el modelo aprende con datos que ya tienen una respuesta conocida.

▶ **Automatización:** uso de tecnologías para realizar tareas sin intervención humana.

▶ **AutoML:** herramientas que automatizan el diseño y entrenamiento de modelos de IA.

▶ **Batch processing**: procesamiento de datos por lotes, es decir, no en tiempo real.

▼ **Big Data**: conjunto de técnicas y tecnologías para procesar grandes volúmenes de datos variados y veloces.

▼ **Business Intelligence (BI)**: conjunto de herramientas para analizar datos históricos y ayudar en la toma de decisiones.

▼ **Clasificación:** técnica de machine learning que asigna etiquetas o categorías a los datos.

▼ **Cloud Computing**: uso de servidores en la nube para procesar, guardar y acceder a datos desde cualquier lugar.

▼ **Clustering:** método de agrupamiento de datos similares sin conocer sus categorías.

▼ **Cold data**: datos que no se consultan frecuentemente, y que se almacenan a bajo coste.

▼ **Colossus:** sistema moderno de archivos distribuido desarrollado por Google que reemplaza a GFS.

▼ **CSV:** formato simple de archivo para guardar datos en forma de texto separados por comas.

▼ **Dashboard:** panel visual donde se muestran datos clave y métricas de forma clara e interactiva.

▼ **Data drift**: cambio en la distribución de los datos a lo largo del tiempo que afecta al rendimiento del modelo.

▼ **Data fabric**: arquitectura integrada para gestionar datos distribuidos de forma unificada.

▼ **Data Lake**: repositorio de almacenamiento donde se guardan datos en bruto, tal como llegan.

▼ **Data lineage**: rastro o trazabilidad de los datos desde su origen hasta su uso final.

▼ **Data Mart**: subconjunto de un almacén de datos, diseñado para un área concreta de negocio.

▼ **Data mesh**: enfoque moderno que descentraliza la gestión del dato en grandes organizaciones.

▼ **Data Mining**: proceso de descubrir patrones útiles dentro de grandes conjuntos de datos.

▼ **Data Science (Ciencia de datos)**: disciplina que combina estadísticas, programación y conocimiento de negocio para extraer valor de los datos.

▼ **Data stewardship**: responsabilidad de garantizar la calidad y gobernanza de los datos dentro de una organización.

▼ **DataOps:** metodología que aplica principios de DevOps a la gestión de datos.

▼ **Dataset:** conjunto organizado de datos que se utiliza para entrenar o probar modelos.

▼ **Dato estructurado**: información organizada en filas y columnas, como en una hoja de cálculo.

▼ **Dato no estructurado**: información sin formato fijo, como textos, imágenes o vídeos.

▼ **Dato semi-estructurado**: datos que no están en una tabla, pero tienen estructura, como JSON o XML.

▼ **Deepfake:** técnica que usa IA para alterar imágenes o vídeos de forma muy realista.

▼ **Edge Computing**: procesamiento de datos directamente en el dispositivo que los genera, sin enviarlos a la nube.

▼ **Embedding:** representación vectorial de elementos complejos como palabras o imágenes.

▼ **Entrenamiento:** proceso mediante el cual un modelo de IA aprende a partir de un conjunto de datos.

▼ **ETL (Extract, Transform, Load)**: proceso para extraer, transformar y cargar datos en un sistema de almacenamiento.

▼ **Explainable AI (XAI)**: inteligencia artificial que explica cómo y por qué toma decisiones.

▼ **Feature (característica)**: atributo o variable que se utiliza para alimentar un modelo de IA.

▼ **Feature store**: repositorio centralizado donde se guardan las variables o características listas para usar en IA.

▼ **Fine-tuning:** ajuste fino de un modelo ya entrenado para adaptarlo a un nuevo contexto o tarea.

▼ **Flink:** herramienta de procesamiento de datos en tiempo real, orientada a flujos continuos.

▼ **GFS (Google File System)**: sistema de archivos distribuido creado por Google para almacenar datos a gran escala.

▼ **Gobierno del dato**: conjunto de políticas para garantizar la calidad, seguridad y uso responsable de los datos.

▼ **Hallucination:** resultado erróneo generado por un modelo de lenguaje, que "inventa" datos falsos de forma plausible.

▼ **HDFS (Hadoop Distributed File System)**: sistema que permite guardar grandes cantidades de datos distribuidos entre varias máquinas.

▼ **Hot data**: datos que se consultan constantemente y se almacenan para acceso inmediato.

▼ **IA (Inteligencia Artificial)**: rama de la informática que diseña sistemas capaces de simular inteligencia humana.

▼ **Inferencia:** proceso por el cual un modelo ya entrenado da una respuesta o predicción ante nuevos datos.

▼ **Ingesta de datos**: proceso de capturar y cargar datos desde múltiples fuentes hacia un sistema de almacenamiento.

▼ **JSON:** formato ligero para almacenar e intercambiar datos de forma estructurada.

▼ **K-Means:** algoritmo de clustering que agrupa datos según su similitud.

▼ **Machine Learning**: ver "Aprendizaje automático".

▼ **MapReduce:** modelo de programación de Hadoop que divide y procesa datos en paralelo.

▼ **MLOps:** conjunto de prácticas para llevar modelos de IA a producción y mantenerlos.

▼ **Modelo generativo**: tipo de modelo de IA que puede crear nuevos datos similares a los que ha aprendido.

▼ **Modelo multimodal**: modelo que puede procesar simultáneamente texto, imagen, audio o vídeo.

▼ **Modelo predictivo**: algoritmo que hace predicciones basadas en datos anteriores.

▼ **Modelos fundacionales**: modelos de IA de propósito general, como GPT o BERT, que sirven de base para muchas tareas.

▼ **Natural Language Processing (NLP)**: rama de la IA que se enfoca en comprender el lenguaje humano.

▼ **Neuronas artificiales**: elementos básicos de una red neuronal que simulan el comportamiento del cerebro.

▼ **Normalización de datos**: proceso para ajustar los valores de las variables a una misma escala.

▼ **Open Data**: conjunto de datos accesibles libremente por cualquier persona.

▼ **Overfitting (sobreajuste)**: problema cuando un modelo aprende demasiado los datos de entrenamiento y falla con datos nuevos.

▼ **Patrón:** relación o comportamiento repetido que se puede detectar en los datos.

▼ **Pipeline de datos**: flujo automatizado que transforma y mueve datos de una fuente a un destino.

▼ **Python:** lenguaje de programación muy usado en ciencia de datos e inteligencia artificial.

▼ **R:** lenguaje de programación especializado en análisis estadístico.

▼ **Real Time (tiempo real)**: procesamiento instantáneo de datos en el momento en que se generan.

▼ **Recomendador:** sistema que sugiere contenidos, productos o decisiones según el comportamiento del usuario.

▼ **Red neuronal**: modelo de IA inspirado en el funcionamiento del cerebro humano.

▼ **Redes adversarias (GANs)**: dos redes neuronales que compiten entre sí para generar datos realistas.

▼ **Regresión:** técnica que predice valores numéricos continuos, como precios o temperaturas.

▼ **Reinforcement Learning**: aprendizaje por refuerzo, donde el sistema aprende por prueba y error a partir de recompensas.

▼ **Rendimiento:** medida de eficacia de un modelo o sistema.

▼ **Repositorio:** espacio donde se almacenan datos o modelos.

▼ **Robótica:** área que combina IA y hardware para crear máquinas inteligentes.

▼ **Scala:** lenguaje de programación usado en procesamiento de datos masivos.

▼ **Scraping:** técnica para extraer datos automáticamente desde sitios web.

▼ **Segmentación:** dividir un conjunto de datos en grupos con características similares.

▼ **Semi-estructurado:** datos que no están en tablas clásicas, pero tienen cierta organización (como JSON).

▶ **Sensores IoT**: dispositivos que recogen datos del entorno y los envían a sistemas conectados.

▶ **Sharding:** técnica que divide bases de datos en partes más pequeñas para escalar el rendimiento.

▶ **Spark:** Framework de análisis de datos en memoria, rápido y escalable.

▶ **SQL:** lenguaje para gestionar y consultar bases de datos relacionales.

▶ **Streaming de datos**: flujo continuo de datos que se procesa al momento.

▶ **Supervisión:** fase del aprendizaje donde el modelo recibe ejemplos con solución.

▶ **Synthetic data**: datos generados artificialmente para entrenar modelos cuando no hay datos reales suficientes.

▶ **Text mining**: análisis de textos para extraer información útil.

▶ **Token:** unidad mínima de entrada que usa un modelo de lenguaje (una palabra, sílaba o carácter).

▶ **Tokenización:** división de un texto en palabras o fragmentos para su análisis.

▶ **Transfer learning**: técnica que reutiliza un modelo entrenado en un problema distinto pero relacionado.

▶ **Transformación de datos**: cambiar el formato o estructura de los datos para analizarlos mejor.

▶ **Vectorización:** proceso de convertir datos (especialmente texto) en vectores numéricos que los modelos puedan procesar.

▶ **Visualización de datos**: representación gráfica de la información para facilitar su interpretación.

▶ **Warm data**: datos de uso ocasional que están disponibles con latencia media.

▶ **Zero-shot learning**: capacidad de un modelo para resolver tareas sin haber recibido ejemplos específicos de entrenamiento.

SÍGUENOS EN INSTAGRAM Y ACCEDE GRATIS A NUESTRA BIBLIOTECA DIGITAL DURANTE 30 DÍAS.

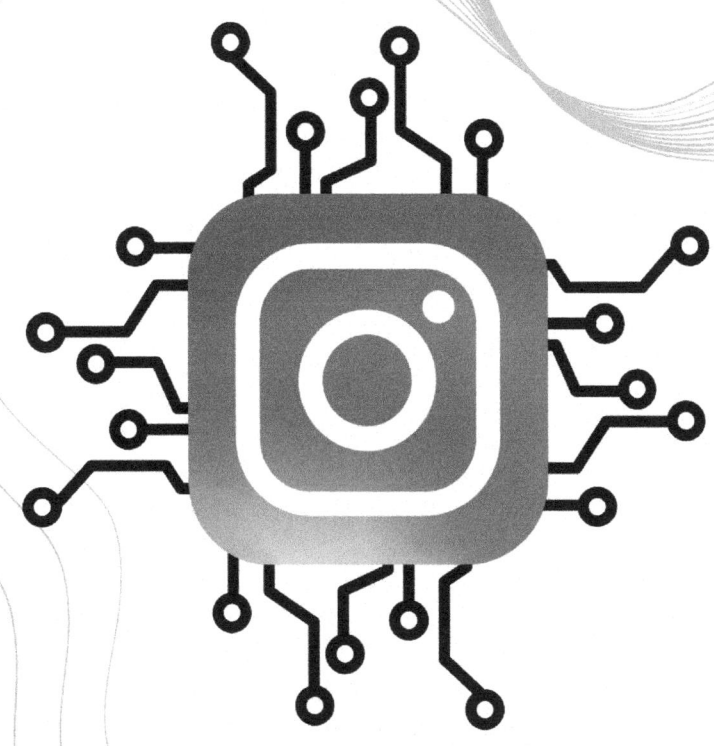

@grupoeditorialrama

¡ENVIANOS TU MAIL POR PRIVADO!

Grupo Editorial
ra-ma

40 ANIVERSARIO